Schriftenreihe des Instituts für Marktorientierte Unternehmensführung (IMU), Universität Mannheim

Herausgegeben von
H. H. Bauer (em.), Mannheim, Deutschland
Ch. Homburg, Mannheim, Deutschland
S. Kuester, Mannheim, Deutschland

Das Institut für Marktorientierte Unternehmensführung (IMU) wurde 1999 an der Universität Mannheim neu konstituiert. Das Institut ist durch Umbenennung aus dem ehemaligen Institut für Marketing entstanden. Es versteht sich als Plattform für anwendungsorientierte Forschung sowie als Forum des Dialogs zwischen Wissenschaft und Praxis.

Ziel dieser Schriftenreihe ist es, wissenschaftliche Erkenntnisse zu publizieren, die für die marktorientierte Unternehmensführung von Bedeutung sind.

Herausgegeben von
Professor Dr. Hans H. Bauer (em.)   Professorin Dr. Sabine Kuester
Universität Mannheim   Universität Mannheim

Professor Dr. Dr. h.c. mult.
Christian Homburg
Universität Mannheim

Nina Landauer

Produktportfoliomanagement

Explorative Bestandsaufnahme und empirische Untersuchung der Erfolgswirkung

Mit einem Geleitwort von Prof. Dr. Sabine Kuester

Nina Landauer
Mannheim, Deutschland

Dissertation Universität Mannheim, 2012

ISBN 978-3-658-01997-6

Die Deutsche Nationalbibliothek verzeichnet diese Publikation in der Deutschen Nationalbibliografie; detaillierte bibliografische Daten sind im Internet über http://dnb.d-nb.de abrufbar.

Springer Gabler
© Springer Fachmedien Wiesbaden 2013
Das Werk einschließlich aller seiner Teile ist urheberrechtlich geschützt. Jede Verwertung, die nicht ausdrücklich vom Urheberrechtsgesetz zugelassen ist, bedarf der vorherigen Zustimmung des Verlags. Das gilt insbesondere für Vervielfältigungen, Bearbeitungen, Übersetzungen, Mikroverfilmungen und die Einspeicherung und Verarbeitung in elektronischen Systemen.

Die Wiedergabe von Gebrauchsnamen, Handelsnamen, Warenbezeichnungen usw. in diesem Werk berechtigt auch ohne besondere Kennzeichnung nicht zu der Annahme, dass solche Namen im Sinne der Warenzeichen- und Markenschutz-Gesetzgebung als frei zu betrachten wären und daher von jedermann benutzt werden dürften.

Springer Gabler ist eine Marke von Springer DE. Springer DE ist Teil der Fachverlagsgruppe Springer Science+Business Media.
www.springer-gabler.de

Geleitwort

In Zeiten, in denen das Einproduktunternehmen zur Rarität geworden ist und Multi-Produktkonglomerate das Marktumfeld prägen, ist es nicht mehr zielführend, das einzelne Produkt in Isolation zu betrachten. Die gegebene Komplexität erfordert immer wiederkehrende kohärente strategische Investitionen in Produkte sowie kalibrierte Entscheidungen unter Beachtung des gesamten Produktprogramms und des spezifischen Kontexts. Ressourcen bilden dabei die entscheidende Nebenbedingung und den limitierenden Faktor des Optimierungsproblems das gemeinhin als Produktportfoliomanagement verstanden wird.

Im Zentrum dieses Forschungsprojekts steht die Frage, in wie fern die dynamischen Zusammenhänge und Verflechtungen von Entscheidungen, Prozessen und Aktivitäten, die das Produktprogramm in seiner Gesamtheit betreffen dazu führen, dass das Produktangebot eines Unternehmens tatsächlich als Portfolio verstanden und entsprechend gemanagt wird. Zwei Studien bilden den Schwerpunkt und den Hauptteil der Arbeit. Sie sind eingebettet in grundsätzliche theoretische sowie konzeptionelle Ausführungen zum Thema Produktportfoliomanagement.

Die Beschreibung und die Etablierung eines grundsätzlichen Verständnisses des Phänomens Produktportfoliomanagement in der Unternehmenspraxis stehen im Vordergrund der ersten Studie. Frau Landauer kann zeigen, dass die Veränderung des Produktportfolios elementarer Bestandteil der aktuellen Unternehmenspraxis und im Zuge des Produktportfoliomanagements die Hinzunahme von neuen Produkten zum Portfolio das vorherrschende Anliegen der Unternehmen ist, während die Produktelimination weitestgehend unberücksichtigt bleibt.

In ihrer zweiten Studie untersucht Frau Landauer in einem ersten Schritt die kritische Frage, ob und in wie fern Innovationsleistung Wert generiert. Darauf aufbauend wird hinterfragt, wie diese Wertschöpfung erreicht wird. Frau Landauer zeigt empirisch, dass Innovationen erfolgreicher sind, wenn sie nicht als alleiniger Zweck unternehmerischen Handelns verstanden werden, sondern im Gefüge aller das Produktportfolio betreffender Entscheidungen und vor dem Hintergrund der Ressourcenknappheit verfolgt werden. Darüber hinaus beeinflusst ein aktiver Produktportfolioansatz die Beziehung zwischen Innovationen und Unternehmensperformance.

Die Erforschung von Entscheidungen im Rahmen des Produktportfoliomanagements als wiederkehrende kohärente strategische Investitionen in Produkte sowie kalibrierte Entscheidungen unter Beachtung des gesamten Produktprogramms wird durch diese Arbeit in bedeutendem Maße befruchtet.

Die neuen Erkenntnisbeiträge können sowohl Managemententscheidungen unterstützen als auch der weiteren Marketingforschung wichtige neue Impulse verleihen. Insgesamt legt Frau Landauer eine äußerst überzeugende wissenschaftliche Arbeit vor, die im Ergebnis den wissenschaftlichen Erkenntnisstand maßgeblich erweitert. Entsprechend wünsche ich dieser Arbeit eine weite Verbreitung in Wissenschaft und Praxis.

Sabine Kuester

Vorwort

Die vorliegende kumulative Dissertationsschrift ist während meiner Zeit als wissenschaftliche Mitarbeiterin am Lehrstuhl für Allgemeine Betriebswirtschaftslehre und Marketing III von Prof. Dr. Sabine Kuester an der Universität Mannheim entstanden. Die Fakultät für Betriebswirtschaftslehre der Universität Mannheim hat sie im Dezember 2012 angenommen.

Zunächst möchte ich mich bei meiner akademischen Lehrerin und Doktormutter Prof. Dr. Sabine Kuester für das Vertrauen, das sie in mich gesetzt hat, die Freiheiten, die sie mir gelassen hat und die Unterstützung, die sie mir gegeben hat, bedanken. In den letzten vier Jahren habe ich so vieles gelernt. Dies gilt für alle Bereiche; auch und insbesondere jenseits statistischer Testverfahren und theoretischer Konzepte. Einen großen Anteil an diesem Lernprozess hatte auch Prof. Dr. Dr. h.c. mult. Christian Homburg, dem ich darüber hinaus für die Übernahme meines Zweitgutachtens danken möchte.

Mein Dank gilt zudem den vielen Kollegen, die mich unterstützt und auf dem Weg begleitet haben und die in den letzten vier Jahren mit mir zusammen die unterschiedlichsten Projekte gestemmt haben. Ich danke den alten Hasen sowie den Rookies für fachlichen Austausch, akademisches Know-how und persönlichen Support in allen Phasen meiner Promotion und den vielen fleißigen studentischen Hilfskräften für ihr Engagement.

Ich widme diese Arbeit all denjenigen, die ich als meine Familie bezeichne. Ich danke euch von ganzem Herzen, egal wo ihr seid, jedem für seinen individuellen, ganz besonderen und unverzichtbaren Beitrag dazu, dass ich diese Zeilen jetzt schreibe.

In Dankbarkeit und Erinnerung.

Und mit Stolz.

Nina Landauer

Inhaltsverzeichnis

Geleitwort V

Vorwort VII

Abbildungsverzeichnis XIII

Tabellenverzeichnis XV

Anhangsverzeichnis XVII

1. Einführung in die Thematik 1
   1.1 Zur Relevanz von Produkten, Produktmanagement und Produktportfolios 1
   1.2 Forschungsmotivation 5
       1.3 Forschungsansatz, Forschungsfragen und Aufbau der Arbeit 7
       1.4 Theoretischer Hintergrund 12
           1.4.1 Portfoliotheorie 12
           1.4.2 Resource-Advantage Theorie 16

2. Produktportfoliomanagement in der Unternehmenspraxis: eine explorative Bestandsaufnahme 20
   2.1 Einführung 20
   2.2 Stand der Forschung und konzeptioneller Hintergrund 23
   2.3 Forschungsdesign und Datenerhebung 28
   2.4 Stichprobengenerierung und Datengrundlage 29

2.5	Codeentwicklung	33
2.6	Codekategorien	35
2.7	Reliabilitätsprüfung	37
2.8	Beständigkeit der Ergebnisse im Zeitverlauf	39
2.9	Ergebnisse	40
	2.9.1 Reporting von Produktportfolioveränerungen	40
	2.9.2 Maßnahmen, die die Veränderung des Produktportfolios induzieren	46
	2.9.3 Branchenspezifische Analyse und Ergebnisse	50
2.10	Diskussion, Implikationen und Forschungsausblick	59

3. Der Einfluss eines aktiven Portfolioansatzes auf die Erfolgswirkung von Innovationen ... 65

3.1	Einführung	65
3.2	Theoretischer und konzeptioneller Hintergrund	69
3.3	Hypothesenentwicklung und konzeptionelles Modell	74
3.4	Methodik	80
	3.4.1 Stichprobe und Daten	80
	3.4.2 Messung der Konstrukte	84
	3.4.3 Konstruktvalidierung und Überprüfung des Common Method Bias	89
3.5	Analyse und Ergebnisse	91
3.6	Diskussion und Implikationen	96

3.7 Anhang 101

4. Abschließende Betrachtung 105

4.1 Zusammenfassung der Kernergebnisse 105

4.2 Allgemeine Anregungen für zukünftige Forschung 108

4.3 Allgemeine Praxisimplikationen 110

Quellenverzeichnis 113

Abbildungsverzeichnis

Abbildung 1-1: Überblick über die kumulative Dissertation 11

Abbildung 2-1: Vorgehen im Rahmen der Inhaltsanalyse 34

Abbildung 3-1: Konzeptionelles Modell 79

Abbildung 3-2: Steigung der Regressionsgeraden der Erfolgswirkung von Innovationen für unterschiedliche Ausprägungen des aktiven Portfolioansatzes 95

Tabellenverzeichnis

Tabelle 2-1: Zusammensetzung der Stichprobe nach Unternehmenssitz und Unternehmensgröße 31

Tabelle 2-2: Zusammensetzung der Stichprobe nach Branchenzugehörigkeit 32

Tabelle 2-3: Häufigkeit der Referenzen zum Produktportfoliomanagement in Geschäftsberichten 40

Tabelle 2-4: Verteilung der einzelnen Geschäftsberichte mit Referenz(en) zu Maßnahmen im Produktportfoliomanagement 42

Tabelle 2-5: Verteilung der Unternehmen, die über Maßnahmen im Produktportfoliomanagement in zwei oder drei Geschäftsberichten informieren 43

Tabelle 2-6: Reporting der Produktportfolioveränderung 45

Tabelle 2-7: Ergebnisse der Codekategorie "Maßnahmen im Produktportfoliomanagement" 47

Tabelle 2-8: Ergebnisse der Codekategorie "Zeitbezug" 48

Tabelle 2-9: Gemeinsames Vorkommen der Codes (Co-Occurrences) 49

Tabelle 2-10: Ergebnisse des Post-Hoc-Tests nach Gabriel: Durchschnittliche Anzahl an Referenzen pro Geschäftsbericht für Branchen-untergruppen 53

Tabelle 2-11:	Zusammenfassung der Ergebnisse des Mehrfachvergleichs nach Gabriel: mittlere Differenz der Anzahl der Referenzen pro Geschäftsbericht von Branchenpaaren	54
Tabelle 2-12:	Ergebnisse des Post-Hoc-Tests nach Gabriel: Durchschnittlich Anzahl an Referenzen, die sich auf die Zukunft beziehen für Branchenuntergruppen	58
Tabelle 3-1:	Zusammensetzung der Stichprobe nach Branchenzugehörigkeit und durchschnittlicher Beschäftigungszeit	83
Tabelle 3-2:	Zusammensetzung der Stichprobe nach Unternehmensgröße bzw. Größe der strategischen Geschäftseinheit und Position	84
Tabelle 3-3:	Ergebnisse: Effektstärken	94

Anhangsverzeichnis

Anhang 3-A: Reliabilität der Messung und der Indikatoren der fokalen Konstrukte 101

Anhang 3-B: Reliabilität der Messung und der Indikatoren der Kontrollvariablen 103

Anhang 3-C: Fornell-Larcker Kriterium: Überprüfung der Diskriminanzvalidität 104

1. Einführung in die Thematik

1.1 Zur Relevanz von Produkten, Produktmanagement und Produktportfolios

Die primäre ökonomische Funktion und der Zweck eines Unternehmens liegen in der Transformation von produktiven Ressourcen in Leistungen, die dann dem Markt zugeführt werden (vgl. Penrose 1959). Entsprechend besteht die grundlegende strategische Entscheidung eines jeden Unternehmens aus der Frage, welches Produktprogramm welchen Konsumenten anzubieten ist (vgl. Wind/Robertson 1983). Das Produkt bildet somit das fokale Element im Marketing. Es kommt nicht von ungefähr, dass das Produkt als erstes "P" im Marketingmix, also im wichtigsten Kategorisierungsschema im Marketing, erscheint (vgl. van Waterschoot/Van den Bulte 1992). Die generische Funktion des Produktes ist von höchster Wichtigkeit für Unternehmen. Das Produkt verkörpert den Kern einer jeden Transaktion und ist in der Hauptsache für die Erfüllung der Konsumentenbedürfnisse verantwortlich (vgl. Murphy/Enis 1986). Die übrigen Elemente des Marketingmix – Preis, Distribution und Kommunikation – sind auf eine unterstützende Funktion beschränkt (vgl. van Waterschoot/Van den Bulte 1992).

In Zeiten, in denen das Einproduktunternehmen zur Rarität geworden ist und Multiproduktkonglomerate das Marktumfeld prägen, ist es jedoch nicht mehr zielführend, das einzelne Produkt in Isolation zu betrachten (vgl. Anand/Shachar 2004, Lei/Dawar/Lemmink 2008, van Waterschoot/ Van den Bulte 1992, Wind/Mahajan/Swire 1983). Dies käme einer Ignoranz der Synergien und Interdependenzen innerhalb des gesamten

Produktprogramms eines Unternehmens gleich (vgl. van Waterschoot/Van den Bulte 1992, Wind/Robertson 1983).

Die gegebene Komplexität erfordert immer wiederkehrende kohärente strategische Investitionen in Produkte sowie kalibrierte Entscheidungen unter Beachtung des gesamten Produktprogramms und des spezifischen Kontexts (vgl. Cooper/Edgett/Kleinschmidt 1999, Hauser/Tellis/Griffin 2006, Kester et al. 2011). Ein kritischer limitierender Kontextfaktor ist dabei die Ressourcenverfügbarkeit. Ressourcen sind die entscheidende Grundlage für Produkte (vgl. Hunt 1997, Hunt/Morgan 1995, Priem/ Butler 2001). Wären Ressourcen unendlich verfügbar, so könnte ein Unternehmen alles produzieren, für das es annimmt, Nachfrage generieren zu können (vgl. Penrose 1959). Ressourcen bilden also die entscheidende Nebenbedingung für das Optimierungsproblem, das gemeinhin als Produktportfoliomanagement verstanden wird (vgl. Loch/ Kavadias 2002, Penrose 1959). Dieses Verständnis, welches impliziert, dass die Produkte eines Unternehmens als Investitionen und das entsprechende Produktprogramm als Portfolio verstanden werden, ist in der Marketing- sowie in der Managementforschung etabliert (z.B. Bordley 2003, Morgan/Rego 2009, Varadarajan/DeFanti/Busch 2006).

Trotz der stets natürlich gegebenen Ressourcenbeschränkung enthalten die Produktportfolios der Unternehmen zumeist eine große Zahl an Produkten. Diese Produktproliferation zu quantifizieren oder zu belegen, gestaltet sich allerdings schwierig, denn weder Unternehmen noch Wissenschaftler bedienen sich einer einheitlichen Definition und Abgrenzung in Bezug auf das Produkt (vgl. Bordley 2003). Entsprechend beziehen sich Wissenschaftler, wenn sie Produktproliferation beschreiben auf Produktvarianten (z.B. Draganska/Jain 2005), sogenannte Stock Keeping Units (z.B. Putsis/Bayus 2001) oder Marken (z.B.

Morgan/Rego 2009). *Procter und Gamble* (P&G) verkörpert Produktproliferation wie kein anderes Unternehmen. Im Brief an die Aktionäre für das Jahr 2012 (vgl. Procter und Gamble 2012a), ist Robert A. McDonald, Chairman of the Board, Präsident und Chief Executive Officer, stolz, zu verkünden, dass P&G dreimal so viele Milliarden-Dollar-Marken in seinem Portfolio hat als der nächstgroße Wettbewerber und auch mehr als die meisten übrigen Wettbewerber zusammengenommen. Doch P&Gs Vielfalt beschränkt sich nicht auf das unübertroffene Markenportfolio. Fünf Segmente gliedern sich jeweils in weitere fünf bis zehn Kategorien. Innerhalb dieser Kategorien finden sich in jedem Fall mehrere Produktfamilien sowie Marken. Jede Marke umfasst wiederum differenzierte Produkte, die schließlich dem Endkunden in weiter differenzierte Stock Keeping Units unterteilt angeboten werden (vgl. Gao/Hitt 2012, Procter und Gamble 2012b). P&G mag vielleicht ein extremes Beispiel sein, doch es liegt auf der Hand, dass die Synergien und Interdependenzen, die innerhalb eines Produktportfolios natürlich gegeben sind ein explizites Produktmanagement notwendig machen (vgl. Wind/Mahajan/Swire 1983).

Folglich spielt das Produktmanagement eine zentrale Rolle im Marketing (vgl. Tyagi/Sawhney 2010). So erschien das Produktmanagement auf der Liste der substantiellen Marketingthemen, welche zum Anlass des 75. Jubiläums des *Journal of Marketing* und dem 50. Geburtstag des *Marketing Science Institut* als relevant für Kunden, Manager, Organisationen, Märkte und Gesellschaft hervorgehoben wurden (vgl. Bolton 2011). Der Verantwortungsbereich des Produktmanagements kann dabei auf zwei Entscheidungsbereiche, nämlich die Einführung neuer Produkte sowie das Management des bestehenden Produktprogramms, reduziert werden. Diese Entscheidungen betreffen sowohl die strategische als auch die taktische Ebene (vgl. Chandy/Tellis 1998, Devinney/Stewart 1988, Hart 1989). Auf der taktischen Ebene bestimmt das Produktmanagement die Zusammenstellung der angebotenen Produkte, also die Gestaltung des Produktportfolios (vgl. Devinney/ Stewart 1988). Die Entscheidungen, die das Produkt selbst bestimmen, d.h. das Produktdesign (vgl. Shane/Ulrich 2004), sowie eine Reihe an produktbezogenen Marketinginstrumenten und -aktivitäten sind der taktischen Ebene zuzurechnen (vgl. Chandy/Tellis 1998, van Waterschoot/Van den Bulte 1992). Die effektive Realisation des Produktportfoliomanagements in seiner Gesamtheit stellt schließlich einen Treiber von Unternehmenswachstum und -profitabilität dar (vgl. Tyagi/ Sawhney 2010).

Die beiden Entscheidungsbereiche der Einführung neuer Produkte und des Managements bestehender Produkte können weiterhin auf drei strategische Alternativen herunter gebrochen werden, welche ständig in Anbetracht externer Marktanforderungen, interner Notwendigkeiten und/ oder strategischer Überlegungen berücksichtigt werden müssen (vgl. Lancaster 1990, Putsis/Bayus 2001, van Waterschoot/Van den Bulte 1992, Wind/Claycamp 1976). Diese grundsätzlichen Produktportfoliomanagementoptionen umfassen (1) die Hinzunahme von Produkten in das Portfolio, (2) die Elimination von Produkten aus dem Portfolio und (3) die Anpassung einzelner Produkte oder ganzer Produktlinien durch Modifikation oder Repositionierung.

Aus Drucker (1963, S. 60) lässt sich wie folgt zitieren: „one basic truth will always be present: every product, every operation and every activity of business begins to obsolesce as soon as it started". In Anbetracht dieser Tatsache bilden Produktinnovation, Produktelimination und Produktmodifikation eine untrennbare Trias. Demnach ist das Management eines Multiproduktportfolios kontinuierlich und permanent

Einführung in die Thematik

mit allen drei Optionen beschäftigt und bestimmt somit die Gestaltung und die Zusammensetzung des Produktangebots, mit welchem ein Unternehmen an den Markt herantritt.

1.2 Forschungsmotivation

Der Forschungsbereich zur Neuproduktentwicklung hat den Wert der Portfoliologik vor dem Hintergrund der aktuellen Marktbedingungen bereits für sich entdeckt (vgl. Cooper/Edgett/Kleinschmidt 1999, Hauser/ Tellis/Griffin 2006). So werden fast 28% der Umsätze und Profite von Produkten generiert, die jünger als fünf Jahre sind (vgl. Barczak/ Griffin/Kahn 2009). Neue Produkte gelten als unbedingte Notwendigkeit für das unternehmerische Bestehen auf dem Markt (vgl. Pauwels et al. 2004, Sorescu/Spanjol 2008). Darüber hinaus handeln viele Unternehmen nach einer "je mehr desto besser"-Devise (vgl. Stock/Zacharias 2011, S. 871). Die daraus resultierende "Ressourcenklemme" in der Neuproduktentwicklung macht folglich einen Portfolioansatz notwendig (vgl. Cooper/Edgett 2003, S. 48).

Mit ihrer Definition geben Cooper, Edgett und Kleinschmidt (1999, S. 335), eine umfassende Beschreibung des Neuproduktportfoliomanagements:

"Portfolio management is a dynamic decision process, whereby a business's list of active new product (and R&D) projects is constantly updated and revised. In this process, new projects are evaluated, selected, and prioritized, existing projects may be accelerated, killed, or deprioritized, and resources are allocated and reallocated to the active projects. The portfolio decision process is characterized by uncertain und changing information, dynamic opportunities, multiple goals and

strategic considerations, interdependence among projects, and multiple decision-makers and locations. The portfolio decision process encompasses or overlaps a number of decision-making processes within the business, including periodic reviews of the total portfolio of all projects (looking at the entire set of projects, and comparing all projects against each other), making go/kill decisions on individual projects on an on-going basis (using gates or a stage-gate process), and developing a new product strategy for the business, complete with strategic resource allocation decisions."

Es stellt sich nun die Frage, ob die beschriebenen dynamischen Zusammenhänge zwischen Entscheidungen, Prozessen und Maßnahmen auf die unternehmerische Realität jenseits des Bereichs der Neuproduktentwicklung zutreffen und ob entsprechend die Portfoliologik im Management des gesamten Produktportfolios, d.h. für Entscheidungen bezüglich neuer sowie bestehender Produkte, Bestand hat. Darüber hinaus erscheint es sinnvoll, zu untersuchen, ob Produktportfoliomanagement tatsächlich als Frage der Ressourcenallokation und der Ressourcenbalance verstanden wird wenn sich der Fokus vom Neuproduktportfolio zum gesamten Produktportfolio erweitert (vgl. Cooper/ Edgett/Kleinschmidt 1999).

Die Forschung in diesem Bereich neigt dazu, die einzelnen Maßnahmen im Rahmen des Produktportfoliomanagements separat und unabhängig voneinander zu betrachten (vgl. Saunders/Jobber 1994). Somit werden die tatsächliche Tragweite einer jeden Entscheidung sowie die zugrundeliegenden komplexen und dynamischen Zusammenhänge missachtet (vgl. Putsis/Bayus 2001). Durch die simultane Betrachtung der beiden generischen Funktionen des Produktportfoliomanagements, d.h. der Einführung neuer Produkte sowie des Managements des bestehenden

Produktportfolios, leistet diese Arbeit einen wichtigen Beitrag zum Forschungsbereich des Produktportfoliomanagements (vgl. van Waterschoot/Van den Bulte 1992, Wind/Claycamp 1976). Zudem wird das Produktportfoliomanagement als integrierte und interdependente Managementaufgabe erforscht.

1.3 Forschungsansatz, Forschungsfragen und Aufbau der Arbeit

Das Verständnis von tatsächlichen Maßnahmen, Prozessen und Phänomenen ist Grundvoraussetzung sowohl für die theoretische als auch für die praktische Weiterentwicklung eines jeden Bereichs (vgl. Hunt 2009, 1976). In Bezug auf das Produktportfoliomanagement ist dieses allgemeine Verständnis jedoch unvollständig (vgl. Putsis/Bayus 2001). Entsprechend folgt die erste Studie im Rahmen dieses kumulativen Dissertationsprojektes einer positiven Forschungsperspektive in Bezug auf das Produktportfoliomanagement indem die Unternehmenspraxis beschrieben wird (vgl. Seth/Thomas 1994). Ziel ist die systematische und wissenschaftliche Analyse der gängigen Produktportfoliomanagementpraxis, die die Größe von Produktportfolios determiniert. Einem induktiven explorativen Forschungsansatz folgend und unter Verwendung von Sekundärdaten wird die Produktportfoliomanagementpraxis eines großen internationalen und industrieübergreifenden Samples von 265 Konsumgüterherstellern betrachtet und eine Generalisierung der Ergebnisse angestrebt (vgl. Seth/Thomas 1994). Die Zusammensetzung der Stichprobe im Sinne der Branchenzugehörigkeit spiegelt die bestehende Heterogenität innerhalb des Konsumgütersektors wider.

In der Unternehmenspraxis variieren Verantwortlichkeiten, Hierarchien und Arbeitsteilung zwischen Unternehmen in Abhängigkeit von ihrer organisationalen Struktur und der betrieblichen Abläufe. Entsprechend folgt ein jedes Unternehmen einem individuellen Produktportfoliomanagementansatz (vgl. Alexander 1964, Avlonitis 1985, Bordley 2003, Tyagi/Sawhney 2010). Qualitative Analysen wie die Inhaltsanalyse sind in einem solchen Kontext für die explorative Erforschung der allgemein gängigen Praxis besonders geeignet, da sie auf das Aufdecken und das Verständnis ausgelegt sind (vgl. Corbin/Strauss 2008, Deshpande 1983). Dieser Zielsetzung folgend werden vier aufeinanderfolgende Jahre an Geschäftsberichten einer Inhaltsanalyse unterzogen.

Die empirische Analyse wird von drei Forschungsfragen geleitet, ohne dabei die dem explorativen Studiendesign inhärente Flexibilität und Möglichkeit zur vertiefenden Erforschung einzuschränken. (1) Welchen Grad an Aufmerksamkeit lassen Unternehmen in ihren Geschäftsberichten Veränderungen in ihrem Produktportfolio zukommen? (2) Welche konkreten Maßnahmen in Bezug auf das Produktportfolio werden berichtet? (3) Lassen sich branchenspezifische Verhaltensmuster in Bezug auf das Produktportfoliomanagement beobachten?

In der zweiten Studie im Rahmen dieses Forschungsprojekts kommt eine deduktive Forschungsmethode zum Einsatz. Beobachtungen in Theorie und Praxis bilden die Grundlage für Überlegungen zum Untersuchungsobjekt, welche in Annahmen und Hypothesen münden. Ausgehend vom hypothetischen Modell werden Verallgemeinerungen abgeleitet. Dementsprechend verfolgt Studie 2 ein normatives Ziel und strebt somit die Ableitung von Managementempfehlungen an (vgl. Seth/Thomas 1994).

Ausgehend vom Innovationskontext wird die Idee etabliert, das Produktportfolio als Ganzes zu begreifen (vgl. Barki/Pinsonneault 2005, Gerwin/Barrowman 2002). Es gilt zudem festzustellen, in wie fern sich diese Idee im Verhalten von Unternehmen manifestiert. Dazu wird in einem ersten Schritt die kritische Frage untersucht, ob und in wie fern Innovationsleistung Wert generiert (vgl. Crossan/Apaydin 2010). Darauf aufbauend wird hinterfragt, wie diese Wertschöpfung erreicht wird. Ziel ist es, empirisch zu prüfen, ob Innovationen erfolgreicher sind, wenn sie nicht als alleiniger Zweck unternehmerischen Handelns verstanden werden, sondern im Gefüge aller das Produktportfolio betreffender Entscheidungen und vor dem Hintergrund der Ressourcenknappheit verfolgt werden (vgl. Cooper/Edgett/Kleinschmidt 1999, Kester/Hultink/Lauche 2009). Konkret wird die Forschungsfrage untersucht, ob und wie ein aktiver Portfolioansatz die Erfolgswirkung von Innovationen beeinflusst.

Zur Beantwortung der Forschungsfrage dient eine Umfrage unter 228 Managern und 52 zusätzlichen Auskunftsgebern zum Produktportfoliomanagement ihrer Unternehmen bzw. ihrer strategischen Geschäftseinheiten. Erfragt wurden Art und Umsetzung von Entscheidungen sowie die zugrundeliegenden Regeln und Prinzipien. Die Untersuchung des Produktmanagements entspricht einem Themenfeld, welches in Unternehmen üblich und relevant, aber in der Forschung vernachlässigt ist (vgl. Tyagi/Sawhney 2010).

Die beiden vorgestellten Studien umfassen den Hauptteil dieser kumulativen Arbeit. Sie sind eingebettet in grundsätzliche theoretische sowie konzeptionelle Ausführungen zum Thema Produktportfoliomanagement. Auf zusätzliche Erkenntnisse aus Expertengesprächen wird an geeigneten Stellen verwiesen. Diese Struktur ist in Abbildung 1-1 dargestellt.

Nachdem die Relevanz von Produkten, Produktmanagement und Produktportfolios aufgezeigt, die Motivation dieses Forschungsprojekts dargelegt und der Forschungsansatz sowie die Forschungsfragen skizziert wurden, wird das erste Kapitel mit relevanten theoretischen Einblicken schließen. Kapitel 2 und Kapitel 3 umfassen die beiden Hauptstudien. Im vierten Kapitel werden schließlich die Kernergebnisse zusammengefasst, bevor allgemeine Anregungen für die zukünftige Forschung sowie allgemeine Praxisimplikationen präsentiert werden.

Einführung in die Thematik

Kapitel 1 Einführung in die Thematik Zur Relevanz von Produkten, Produktmanagement und Produktportfolios Forschungsmotivation, Forschungsansatz und Forschungsfragen Theoretischer Hintergrund: Portfoliotheorie und Resource-Advantage Theorie
Kapitel 2 Studie 1: Produktportfoliomanagement in der Unternehmenspraxis: eine explorative Bestandsaufnahme **Forschungsziel:** Systematische wissenschaftliche Analyse und ganzheitlicher Überblick über die gängige Produktportfoliomanagementpraxis, die die Größe von Produktportfolios determiniert
Kapitel 3 Studie 2: Der Einfluss eines aktiven Portfolioansatzes auf die Erfolgswirkung von Innovationen **Forschungsziel:** Empirische Untersuchung ob Innovationen erfolgreicher sind, wenn sie nicht als eigenständige Aufgabe, sondern im Kontext miteinander verbundener Entscheidungsprozesse verfolgt werden
Kapitel 4 Abschließende Betrachtung Zusammenfassung der Kernergebnisse Allgemeine Anregungen für zukünftige Forschung Allgemeine Praxisimplikationen

Abbildung 1-1: **Überblick über die kumulative Dissertation**

1.4 Theoretischer Hintergrund

Im Sinne des theoretischen Pluralismus werden im Folgenden zwei Theorien vorgestellt, die eng mit dem fokalen Phänomen dieser Arbeit, d.h. mit der unternehmerischen Praxis im Allgemeinen sowie dem Produktportfoliomanagement im Speziellen verknüpft sind (vgl. Seth/ Thomas 1994). Zuerst wird der Grundgedanke des Produktportfolios erläutert (z.B. Markowitz 1959). Das Konzept wird ausgehend von seiner Herkunft im Bereich der Finanzwirtschaft beleuchtet und seine Anwendung im Marketing eingeführt. Der Fokus liegt dabei auf den wichtigsten generellen Implikationen, während spezifische, mathematische Anwendungen der *Portfoliotheorie* sowie der Portfoliooptimierung im Kontext dieser Arbeit von marginaler Bedeutung sind. Im Anschluss stehen die Relevanz sowie die Implikationen von Ressourcen im Kontext des unternehmerischen Handels im Zentrum der Betrachtung und die *Resource-Advantage Theorie* (z.B. Hunt/Morgan 1995) wird als zweite theoretische Säule eingeführt.

1.4.1 Portfoliotheorie

In der Einleitung zu seiner grundlegenden Arbeit zur Portfoliotheorie erklärt Harry Markowitz (1959) die Portfoliologik. Er betont, dass ein gutes Portfolio nicht einfach eine Liste seiner Elemente, sondern vielmehr ein ausgewogenes und integriertes Ganzes sei.

In ihrem originären finanzwirtschaftlichen Kontext sind die Elemente innerhalb eines Portfolios Anlagepapiere. Die Portfoliotheorie der Finanzwirtschaft basiert auf den beiden Zielen des optimierenden Investors, nämlich der Präferenz für mehr Rendite über weniger Rendite und der Präferenz von Sicherheit über Unsicherheit. Hier ergibt sich ein

Einführung in die Thematik 13

Zielkonflikt, da beide Zielsetzungen nicht in perfekte Übereinstimmung mit den charakteristischen Eigenschaften von Anlagerenditen zu bringen sind. Denn es steht außer Frage, dass Unsicherheit eine inhärente Charakteristik von Anlagepapieren ist. Renditen sind niemals mit Sicherheit vorherzusagen, da sie ökonomischen sowie nicht-ökomischen Einflüssen unterliegen (vgl. Markowitz 1991, 1959). Zur gleichen Zeit geht das ökonomische Verständnis grundsätzlich von einer positiven Korrelation zwischen Risiko und Rendite aus (z.b. Fiegenbaum/Thomas 1988). Zwar gelingt es auch der finanzwirtschaftlichen Portfoliotheorie nicht, diese Verbindung von Risiken und Renditen zu überwinden, sie kann jedoch auf einem anderen Zusammenhang aufbauen. Da die Renditen individueller Investitionen zwar hoch, aber nicht perfekt korreliert sind, können Investoren durch die Zusammenstellung eines diversifizierten Portfolios an multiplen Investitionen im Allgemeinen Risiko reduzieren, wenn auch nicht eliminieren. Dadurch ist das Verhältnis zwischen Risiko und Rendite eines Portfolios attraktiver als das der individuellen Investitionen. Folglich meint der Gedanke der Portfolioausgewogenheit oder -balance das angemessene Verhältnis von Risiken und Renditen (vgl. Cardozo/Smith 1983, Markowitz 1959).

Nach Devinney, Stewart und Shocker (1985) zeichnet sich die Marketingdisziplin dadurch aus, dass sie sich Konzepte und Theorien aus anderen Gebieten zunutze macht, d.h. diese anwendet und darauf aufbaut. Leider, so die Autoren, erfolgt diese Übertragung zuweilen ohne die angemessene Sorgfalt und ohne die im neuen Kontext notwendigen Anpassungen. Von besonderer Wichtigkeit für eine jede Theorie und ein jedes Konzept sind deren spezifische Grundannahmen. Werden diese verletzt, so steht die Validität einer jeden Schlussfolgerung in Frage (vgl. Devinney/Stewart 1988). Die Anwendung der finanzwirtschaftlichen

Portfoliotheorie im Marketing, d.h. für das Produktmanagement, erfordert die explizite Beachtung der fundamentalen Unterschiede zwischen Produkten und reinen Finanzmarktinvestitionen (vgl. Devinney/Stewart 1988, Devinney/Stewart/Shocker 1985, Leong/Lim 1991). Diese Unterschiede betreffen die besonderen Eigenschaften von Produkten und Produktmärkten sowie die Quellen und Treiber von Profiten und Renditen. So sind es doch gerade die eigenen Charakteristika und nicht die Besonderheiten einer anderen Disziplin, die für das Marketing relevant sind und die den Bezugsrahmen für die Anwendung der Portfoliotheorie im Produktkontext vorgeben.

So ist für Unternehmen im Vergleich zu einem Investor auf dem Finanzmarkt das Verhältnis von Risiken und Renditen der Elemente im Portfolio, d.h. ihrer Produkte, nicht endogen gegeben. Das unternehmerische Produktportfoliomanagement beschränkt sich nicht darauf, Risiken und Renditen vorherzusagen. Abgesehen davon, dass diese Einschätzung für Unternehmen aufgrund ihres Insiderwissens einfacher ist als für Investoren auf dem Finanzmarkt, können Unternehmen die Entwicklung ihrer Produkte aktiv steuern. Diese Steuerung ist eine Hauptaufgabe des Produktportfoliomanagements. Darüber hinaus beeinflusst eine jede Investition in Produkte direkt Risiken und Renditen. Ein weiterer Unterschied zwischen einem Produktportfolio und einem finanzwirtschaftlichen Anlageportfolio liegt in den Synergien und Wechselwirkungen zwischen den Elementen. Auch wenn diese Zusammenhänge nicht zwangsläufig vorteilhaft sein müssen, so beeinflussen sie doch grundsätzlich die Entscheidungen im Produktportfoliomanagement. Die Beachtung dieser Synergien und Wechselwirkungen im Zuge des Produktportfoliomanagements begrenzt dessen Flexibilität, die an sich bereits beschränkt ist. Während der Investor auf dem Finanzmarkt bei einer Veränderung seines Portfolios minimale Transaktionskosten in Kauf nehmen muss, eine solche aber regelmäßig und auch kurzfristig vornehmen kann, ist die Portfolioveränderung im Produktkontext eine weitaus komplexere Aufgabe (vgl. Devinney/Stewart 1988, Leong/Lim 1991).

Diese grundsätzlichen konzeptionellen und erkennbaren Unterschiede zwischen dem finanzwirtschaftlichen und dem Marketingproblem setzten sich in mathematischen Anwendungen der Portfoliotheorie, d.h. in der quantitativen Bestimmung eines optimalen Portfolios, fort (vgl. Markowitz 1959). Entsprechend wird die strikte Anwendung der finanzwirtschaftlichen Portfoliotheorie auf das Produktmanagement zu Recht kritisiert (vgl. Devinney/Stewart 1988, Devinney/Stewart/Shocker 1985, Leong/Lim 1991). Dennoch profitieren Marketing und Produktmanagement von den Markowitz'schen Ideen. Allein der Grundgedanke, die Produkte eines Unternehmens als Investitionen und das Produktprogramm als Portfolio zu verstehen, ist im Marketing und in der Managementforschung etabliert (z.B. Bordley, 2003, Morgan/Rego 2009, Varadarajan/DeFanti/Busch 2006). Gleiches gilt für die Logik, dass Diversifizierung ein Mittel zur Risikoreduzierung darstellt. So wird Risikostreuung traditionell als Hauptgrund für die Diversifikationsbestrebungen von Unternehmen gesehen und zwar sowohl in der klassischen Marketingtheorie (z.B. Ansoff 1957) wie auch in jüngerer Forschung, z.B. im Kontext von Innovationen oder Neuproduktentwicklung (z.B. Cooper/Edgett/Kleinschmidt 1999, Sorescu/Spanjol 2008). Schließlich ist die wichtigste Erkenntnis, die das Produktmanagement aus der Portfoliotheorie ziehen kann, sich verschiedene Arten von Informationen zunutze zu machen, um ein ausgewogenes Portfolio zusammenzustellen, welches auf die verfügbaren Ressourcen zugeschnitten ist (vgl. Cooper/Edgett/ Kleinschmidt 1999, Loch/Kavadias 2002, Markowitz 1959).

1.4.2 Resource-Advantage Theorie

Wären Ressourcen unendlich verfügbar, so könnte ein Unternehmen alles produzieren, für das es annimmt, Nachfrage generieren zu können (vgl. Penrose 1959). Wären Ressourcen unendlich verfügbar, so wäre die Portfolioproblematik obsolet. Ressourcen bilden die entscheidende Nebenbedingung für das Portfoliooptimierungsproblem und können als limitierender Faktor für das Unternehmenswachstum und entsprechend für die stetige Erweiterung des Produktportfolios verstanden werden (vgl. Penrose 1959). Die Entwicklung eines ausgewogenen Portfolios kommt also der Abwägung zwischen konkurrierenden Investitionsmöglichkeiten und der Entscheidung über die Ressourcenverteilung gleich (vgl. Devinney/Stewart 1988, Drucker 1963, Loch/Kavadias 2002, Sorenson 2000).

Im Sinne der *Resource-Advantage Theorie* (vgl. Hunt/Morgan 1995) stehen Ressourcen einem Unternehmen in tangibler und in intangibler Form zur Verfügung und erlauben die effiziente und/oder effektive Produktion eines Angebots, das für einen Markt oder ein Marktsegment von Wert ist. Dieser Gedanke des ermöglichenden Charakters von Ressourcen macht die Resource-Advantage Theorie zu einer angemessenen theoretischen Basis für die Betrachtung des Produktportfoliomanagements. Darüber hinaus greift die Theorie auf eine umfassende Definition von Ressourcen zurück, welche finanzielle, physische, legale, humane, organisationale, informationelle und relationale Ressourcen mit einbezieht. (vgl. Hunt/Morgan 1995). Diese heterogene Ressourcenbasis erlaubt es einem Unternehmen, seine Produkte zu produzieren und zu vermarkten. Nach dem Verständnis der Resource-Advantage Theorie verfolgt ein Unternehmen sein Ziel der überlegenen finanziellen Performance durch die effiziente und effektive Kombination von Ressourcen. (vgl. Hunt 1997).

In ihrer ursprünglichen Form ist die Resource-Advantage Theorie eine Theorie des kompetitiven Unternehmensverhaltens und des komparativen Vorteils (Hunt/Morgan 1995). Dennoch leisten ihre drei Grundannahmen (1) Dynamik und Heterogenität der Nachfrage, (2) Erkennen, Verstehen, Definieren, Auswählen, Umsetzen und Verändern von Strategie als unternehmerische Hauptaufgabe und (3) Endogenität von Innovation im Wettbewerbsumfeld ausgelöst durch Dynamiken, welche zu einem ständigen Marktungleichgewicht führen, einen essentiellen Erklärungsbeitrag zur Diversität von Unternehmen und deren Performance und bilden dabei die grundlegenden Zusammenhänge ab, die das Produktportfoliomanagement bestimmen (Hunt 1997, Hunt/ Morgan 1995).

Ausgehend von diesen Grundannahmen postuliert die Resource-Advantage Theorie, dass ein Unternehmen, wenn es über eine Ressource verfügt, die im Wettbewerbsumfeld rar ist, diese Ressource das Potential hat, einen komparativen Vorteil für das Unternehmen zu erzeugen. Ein solcher komparativer Vorteil entsteht dann, wenn die dem Unternehmen verfügbaren Ressourcen die Produktion eines Angebots erlauben, das im Vergleich zum Wettbewerbsangebot entweder von den Kunden als qualitativ überlegen wahrgenommen wird und/oder zu niedrigeren Kosten relativ zur Konkurrenz erreicht werden kann. In der Konsequenz kann sich ein komparativer Vorteil in einen Wettbewerbsvorteil verwandeln (Hunt/Morgan 1995).

Nach dem Verständnis der Resource-Advantage Theorie entspricht ein Wettbewerbsvorteil einer Marktposition, welche sich aus der Kombination von Kundenwahrnehmung und Kostenniveau ergibt. Im Markt konkurrieren Unternehmen um die begehrteste Position, nämlich eine Position des Wettbewerbsvorteils. Dies führt zu einer inhärent dynamischen Situation und einem andauernden Stadium des Ungleichgewichts, in dem Wettbewerber stets versuchen, sich gegenseitig auszustechen oder zumindest zu neutralisieren. Demnach ist Innovation der entscheidende Schlüssel zum Markterfolg und somit überlegener finanzieller Performance (Hunt/Morgan 1995). Hunt und Morgan (1996) unterscheiden zwischen proaktiver und reaktiver Innovation. Unter proaktiver Innovation verstehen die Autoren die Entwicklung des zum Markt gerichteten Angebots als unternehmerische Aktivität sowie nach der Identifikation von günstigen Gelegenheiten unabhängig von irgendeiner Form des Wettbewerbsdrucks. Üblicherweise bestimmt die proaktive Innovation die Ausgangsposition im Markt. Im Gegensatz dazu erscheint die reaktive Innovation als Notwendigkeit, wenn sich ein Unternehmen in einer nachteiligen Marktposition wiederfindet (Hunt/Morgan 1996). Allerdings ist eine reaktive Innovationsstrategie nicht immer mit Erfolg verbunden. In einem dynamischen Marktumfeld ist Wettbewerb immer auch eine Form der Selektion. Während eine Position des Wettbewerbsvorteils Unternehmen nicht nur erlaubt, zu überleben, sondern gar zu florieren und gegebenenfalls zu wachsen, bedroht eine nachteilige Position, die langfristig nicht verlassen werden kann, im Zweifel gar die Existenz des Unternehmens. Entsprechend bestimmt der kompetitive Selektionsprozess sowohl die Marktzusammensetzung als auch die Diversität von Unternehmen. Die individuellen Abfolgen der Ressourcengewinnung und des Ressourceneinsatzes bestimmen Größe, Reichweite und Profitabilität von Unternehmen. Darüber hinaus sind diese Charakteristika die logische Konsequenz der heterogenen Nachfrage, welche den Ausgangspunkt für Marktsegmentierung und unterschiedliche Zielgruppenstrategien darstellt (vgl. Hunt 1997, Hunt/Morgan 1996, 1995). Zusammenfassend bleibt festzuhalten, dass die Resource-Advantage Theorie einen essentiellen Erklärungsbeitrag zur Diversität von Unternehmen und der Heterogenität ihrer Performance leistet (vgl. Hooley et al. 2001, Stoelhorst/van Raaij 2004).

2. Produktportfoliomanagement in der Unternehmenspraxis: eine explorative Bestandsaufnahme

2.1 Einführung

Produktportfoliomanagement ist von hoher strategischer Relevanz für Unternehmen und ihren Erfolg (vgl. Green/Krieger 1985, Putsis/Bayus 2001), denn das Produktportfolio beeinflusst ihre Profitabilität entscheidend (vgl. Avlonitis 1990, Hauser/Tellis/Griffin 2006). Konkret resultiert die Profitabilität eines Unternehmens aus dem Ertrag des gesamten Produktportfolios, welcher nicht unbedingt eine lineare Funktion der Erträge der individuellen Bestandteile ist, da diese einzelnen Elemente und entsprechend die Erträge im Produktportfolio voneinander abhängen (vgl. Day 1977, Devinney/Stewart 1988, Green/Krieger 1985). Dementsprechend strebt das Produktportfoliomanagement durch eine Reihe an strategischen Entscheidungen nach der optimalen Zusammensetzung der geeigneten Anzahl an Produkten, welche ausgewogen ist und mit der Strategie und den Prioritäten des Unternehmens übereinstimmt (vgl. Cooper/Edgett/Kleinschmidt 1999, Banville/Pletcher 1974).

Die Bestimmung der angemessenen Anzahl an Produkten in der Angebotspalette eines Unternehmens und die adäquate Zusammensetzung des Portfolios sind jedoch umstritten. Argumente, die für ein breites und diversifiziertes Portfolio sprechen, stehen Gründen für ein kleineres und schmaleres Portfolio gegenüber. In der Hauptsache dreht sich die Diskussion um zwei gegensätzliche Effekte, die den klassischen Trade-off zwischen Kosten und Nutzen widerspiegeln. Mit breiteren Produktportfolios gehen höhere Kosten einher, welche in der Hauptsache einer erhöhten Komplexität zuzuschreiben sind (vgl. Bayus/Putsis 1999, Wan/ Evers/Dresner 2012), während kleinere Produktportfolios aus Effizienzgesichtspunkten empfohlen werden (vgl. Morgan/Rego 2009). Dahingegen sind Größenvorteile Faktoren, die für eine Portfolioerweiterung sprechen (vgl. Kekre/Srinivasan 1990, Penrose 1959), insbesondere da ihnen zudem auch die bessere Erfüllung immer heterogenerer Konsumentenbedürfnisse zugeschrieben wird (vgl. Bayus/Putsis 1999, Kahn 1998). Darüber hinaus hängt die angemessene Breite eines Produktportfolios von weiteren Faktoren, wie zum Beispiel Marktbedingungen und Wettbewerbssituation, ab (vgl. Bordley 2003). Als Beispiel für strategische Überlegungen ist in diesem Zusammenhang der Aufbau von Markteintrittsbarrieren zu nennen (vgl. Lancaster 1990, Schmalensee 1978). Insgesamt gilt es also, eine Lösung für dieses mehrdimensionale Problem zu finden (vgl. Bayus/Putsis 1999).

In der wissenschaftlichen Literatur finden sich vereinzelte Belege, die eine Dichotomie an strategischen Veränderungen des Produktportfolios abbilden. Unternehmen verfolgen entweder Bestrebungen zur Portfolioerweiterung oder vollziehen Kürzungen des Produktportfolios (vgl. Bayus/Putsis 1999, Putsis/Bayus 2001, Kumar 2003). Es zeigt sich jedoch, dass Wissenschaftler auf die immer gleichen praktischen Beispiele zur Illustration der gängigen Praxis im Produktportfoliomanagement zurückgreifen, welche sie in der Hauptsache aus der Wirtschaftspresse beziehen. Als immer wiederkehrendes, beinahe klassisches Beispiel für ein Unternehmen, das sein Produktportfolio kürzt dient *Unilever*s sogenanntes "Path to Growth" Rationalisierungs-Programm (z.B. Kumar 2003, Morgan/Rego 2009). Grundsätzlich sind die wenigen Einblicke in die Unternehmenspraxis selektiv im Sinne der betrachteten Branche, des Zeitpunkts und des Detailgrads und entsprechend schwierig, über die verschiedenen Kontexte hinweg zu generalisieren (vgl. Bayus/Putsis 1999, Kumar 2003, Morgan/Rego 2009, Putsis/Bayus 2001). Somit fehlt es an einem Überblick und einer systematischen Analyse des gängigen Vorgehens in Bezug auf das Produktportfoliomanagement.

Die vorliegende Studie greift auf ein exploratives Forschungsdesign basierend auf Sekundärdaten zurück, um das Produktportfoliomanagement einer großen branchenübergreifenden Stichprobe an Konsumgüterherstellern zu untersuchen. Ziel ist die systematische und wissenschaftliche Analyse der Maßnahmen, die die Größe von Produktportfolios determinieren, um somit einen umfassenden Überblick über die vorherrschende Geschäftspraktik zu geben. Zu diesem Zweck wurden die Geschäftsberichte aus vier aufeinanderfolgenden Jahren einer Inhaltsanalyse unterzogen. In einer aktuellen Studie gelingt Tuggle, Schnatterly und Johnson (2010) der Nachweis, dass der Anteil der Zeit, die bestimmten Themen in Sitzungen der Geschäftsleitung eingeräumt wird sehr ähnlich, wenn auch nicht identisch, mit den Themen und Belangen ist, die das Management in Geschäftsberichten anspricht. Dieser Befund macht Informationen aus Geschäftsberichten zu einer geeigneten Grundlage für diese Studie, denn sie spiegeln die unternehmerischen Vorgehensweisen wider.

Drei Forschungsfragen leiten die empirische Analyse, ohne dabei die dem explorativen Studiendesign inhärente Flexibilität und Möglichkeit zur vertiefenden Erforschung einzuschränken. Zuerst wird der Frage nachgegangen welchen Grad an Aufmerksamkeit Unternehmen in ihren Geschäftsberichten Veränderungen in ihrem Produktportfolio zukommen lassen. Zum zweiten wird untersucht, welche konkreten Aktivitäten in

Produktportfoliomanagement in der Unternehmenspraxis

Bezug auf das Produktportfolio berichtet werden. Die dritte Frage befasst sich mit potentiellen branchenspezifischen Verhaltensmustern in Bezug auf das Produktportfoliomanagement. Die Antworten zu diesen Fragen sind unerlässlich für ein Verständnis der tatsächlichen Aktivitäten, Prozesse und Phänomene im Marketing, welche wiederum eine Voraussetzung für die theoretische sowie praktische Weiterentwicklung des Gebiets darstellen (vgl. Hunt 2009, 1976). Die Studie folgt der positiven Forschungstradition (vgl. Seth/Thomas 1994). Zudem entspricht das Vorgehen der Forderung nach mehr Studien basierend auf der Inhaltsanalyse zum Beispiel von Geschäftsberichten. Sowohl Methodik als auch Textdokumente von Unternehmen werden als wertvoll und zur gleichen Zeit in der Marketingforschung vernachlässigt bezeichnet (vgl. Noble/Sinha/Kumar 2002, Yadav/Prabhu/Chandy 2007).

Im Folgenden werden der wissenschaftliche Kontext und der konzeptionelle Hintergrund erläutert und somit die Grundlage für die Studie etabliert sowie das Projekt positioniert. Das analytische Vorgehen sowie die Ergebnisse werden im Anschluss präsentiert. Schließlich ergeben sich Anknüpfungspunkte für zukünftige Forschung.

2.2 Stand der Forschung und konzeptioneller Hintergrund

Produktportfoliomanagement impliziert eine Reihe an strategischen Entscheidungen vor dem Hintergrund der Ressourcenallokation (vgl. Cooper/Edgett/Kleinschmidt 1999, Wind/Mahajan/Swire 1983). Auch wenn das Produktportfoliomanagement ein komplexes und dynamisches Unterfangen ist, so umfasst es im Kern drei Entscheidungsbereiche (1) die Hinzunahme von Produkten zum Portfolio, (2) die Elimination von Produkten aus dem Portfolio und (3) die Modifikation des bestehenden Produktportfolios (vgl. Banville/Pletcher 1974, Putsis/Bayus 2001,

Varadarajan/DeFanti/Busch 2006, Wind/Mahajan/Swire 1983). Die Erweiterung des Produktportfolios und die Portfoliokürzung verkörpern diammetral entgegengesetzte Veränderungen des Portfolios (vgl. Putsis/ Bayus 2001). Diese beiden strategischen Optionen umfassen zum einen die Hinzunahme von Produkten zum Portfolio sowie die Elimination von Produkten aus dem Portfolio zum anderen. Die Modifikation des Portfolios bezieht sich auf Maßnahmen, die gemeinhin dem Management des bestehenden Produktportfolios entsprechen, wie zum Beispiel Repositionierungen, Modernisierungen und Verbesserungen (vgl. Banville/ Pletcher 1974, Wind/Claycamp 1976). Iyer und Soberman (2000) heben die besondere Bedeutung der Produktmodifikation aufgrund ihres wertschöpfenden Charakters für Unternehmen in reifen Märkten hervor. Die Autoren betrachten zwei Typen und entsprechende Zielsetzungen der Modifikationen: (1) auf Erhaltung ausgelegte Modifikationen, die die Steigerung der Attraktivität des Produktes für die bestehenden Kunden anstreben und (2) auf Erschließung ausgelegte Modifikationen, die Neukunden ansprechen und auf Kundenakquise ausgelegt sind. In Studien zur Produktelimination erscheint die Produktmodifikation als korrektive Maßnahme, die die Produktperformance verbessern soll (vgl. Avlonitis 1985, Avlonitis/Hart/Tzokas 2000).

Interessanter Weise neigt die Forschung zum Produktportfoliomanagement dazu, die Modifikation des Portfolios zu erwähnen, sie jedoch nicht in den Fokus der Betrachtungen zu stellen. In ihrer Untersuchung von Produktlinienentscheidungen in Unternehmen definieren Putsis und Bayus (2001) zum Beispiel explizit, dass eine Veränderung der Produktlinienlänge entweder eine Entscheidung zur Vergrößerung des Angebots, zur Beibehaltung der Länge oder zur Kürzung der Produktlinienlänge sei. Dennoch konzentrieren sich die Autoren im weiteren Verlauf ihrer Studie auf die Determinanten derjenigen Produktlinienentscheidungen, die eine Erweiterung zur Folge haben. Varadarajan, DeFanti und Busch (2006) erläutern ebenfalls alle drei Entscheidungsbereiche im Portfoliomanagement, aber beschränken ihre empirische Analyse auf Eliminationsentscheidungen allein.

Abgesehen von ihrer Wirkrichtung hängen die beiden Entscheidungsbereiche des Produktportfoliomanagements jedoch grundsätzlich zusammen (vgl. Drucker 1963, Varadarajan/ DeFanti/Busch 2006). Diese Beziehung erscheint intuitiv, wenn das Produktportfoliomanagement als Problem der Ressourcenallokation und der Ressourcenbalance verstanden wird (Cooper/Edgett/Kleinschmidt 1999, Devinney/ Stewart 1988, Wiersema/Bowen 2008). Nach dem *Resource-Based View of the Firm* und einer seiner Weiterentwicklungen der *Resource-Advantage Theorie* (vgl. Hunt/Morgan 1995, Wernerfelt 1984) sind Ressourcen eine entscheidende Grundlage und haben einen ermöglichenden Charakter für Produkte (vgl. Hunt 1997, Hunt/Morgan 1995, Priem/ Butler 2001). In diesem Sinne restringieren beschränkte Ressourcen die Bestrebungen zur Neuproduktentwicklung. Entsprechend ist die Produktelimination unumgänglich als Mittel zur Freisetzung von Ressourcen und zur Verfolgung einer kontinuierlichen Innovationsstrategie, die als kritischer Erfolgsfaktor unternehmerischen Handelns anerkannt ist (vgl. Kester et al. 2011, Wind/Mahajan/Swire 1983, Varadarajan/DeFanti/ Busch 2006). Die Literatur zu Neuproduktentwicklungsportfolios berücksichtigt diesen Zusammenhang explizit (z.B. Kester et al. 2011). Ansonsten neigt die akademische Welt dazu, die Erweiterung des Produktportfolios und die Portfoliokürzung als zwei unabhängige Felder zu betrachten (Saunders/Jobber 1994). Somit vernachlässigt sie die tatsächliche Tragweite der einzelnen Entscheidungen und die zugrundeliegenden komplexen und dynamischen Interdependenzen. In dieser Hinsicht ist das grundlegende Verständnis des Produktportfoliomanagements unvollständig (vgl. Putsis/Bayus 2001).

Neben diesem Mangel an umfassenden Studien zeigt sich, dass die individuellen Forschungsstränge unterschiedliche Aufmerksamkeit erfahren und somit die Forschung zum Produktportfoliomanagement ungleich ausgeprägt ist. Die Literatur zur Produktportfolioerweiterung ist umfangreich. In ihrer integrativen Bestandsaufnahme des Bereichs zeigen Hauser, Tellis und Griffin (2006), dass die Innovationsforschung sowohl die Konsumenten als auf die innovierenden Organisationen näher betrachtet und dass sich die Fragestellungen über das gesamte Spektrum von kontextualen und strukturellen Treibern bis hin zu den Auswirkungen von Innovationen erstreckt. Im Gegensatz dazu beschäftigen sich wenige Studien überhaupt mit dem Thema der Produktelimination (vgl. Homburg/Fürst/Prigge 2010, Varadarajan/ DeFanti/Busch 2006). Darüber hinaus tendieren diese Studien dazu, sich hauptsächlich auf Fragen zum Eliminationsprozess aus der Unternehmensperspektive zu konzentrieren (vgl. Avlonitis 1990, 1985) und einen bestimmten Branchenfokus zum Beispiel auf den Finanzdienstleistungssektor zu setzen (vgl. Argouslidis 2007, Argouslidis/Baltas 2007). Dass die Produktelimination im Vergleich vernachlässigt erscheint, wurde bereits in früherer Forschung festgestellt (vgl. Alexander 1964, Avlonitis/ Hart/Tzokas 2000, Banville/Pletcher 1974). Eine Untersuchung, ob diese Unausgewogenheit in der Forschung eine Widerspiegelung des tatsächlichen Vorgehens im Produktportfoliomanagement darstellt, erscheint angebracht.

Ein weiterer relevanter Forschungsbereich widmet sich den Konsequenzen und Implikationen der Produktportfoliogestaltung (vgl.

Morgan/Rego 2009). Vorteile und Nachteile von kleinen versus großen, diversen versus schmalen oder komplexen versus einfachen Produktportfolios werden untersucht (vgl. Kahn 1998). Die Ergebnisse zeigen positive wie negative Effekte, die durch die Breite von Produktportfolios ausgelöst werden (vgl. Kekre/Srinivasan 1990). Einige Autoren nehmen eine Unternehmensperspektive ein und vergleichen Kosten und Nutzen der verschiedenen Portfoliostrategien (vgl. Morgan/ Rego 2009). Andere konzentrieren sich auf die Kundenreaktionen in Bezug auf die Produktportfoliogröße und untersuchen zum Beispiel die Hypothese des sogenannten Choice Overload, also der Auswahlüberlastung (vgl. Scheibehenne/Greifeneder/Todd 2010). Wiederum andere Studien beziehen die wettbewerblichen Interaktionen, wie den Wettbewerbsdruck, Vielfalt anzubieten, explizit mit ein (vgl. Draganska/ Jain 2005). Folglich ist ein grundsätzliches Verständnis der Auswirkungen der verschiedenen Facetten des Produktportfoliomanagements etabliert. Die Gestaltung und die Veränderung von Produktportfolios wurden hingegen nicht mit der gleichen Sorgfalt untersucht. Dementsprechend bedarf das dynamische Zusammenspiel zwischen den strategischen Entscheidungen im Produktportfoliomanagement – die Hinzunahme von Produkten zum Portfolio, Produkteliminationen aus dem Portfolio und die Modifikation des bestehenden Produktportfolios – der akademischen Aufmerksamkeit.

2.3 Forschungsdesign und Datenerhebung

In der betrieblichen Praxis variieren Verantwortlichkeiten, Hierarchien und Arbeitsteilung von Unternehmen grundsätzlich in Abhängigkeit von ihrer organisationalen Struktur und ihrer betrieblichen Abläufe. Demnach verfolgt ein jedes Unternehmen einen individuellen Ansatz zum Produktportfoliomanagement (vgl. Alexander 1964, Avlonitis 1985, Bordley 2003, Tyagi/Sawhney 2010). Qualitative Analysen wie die Inhaltsanalyse sind in einem solchen Kontext für die explorative Erforschung der allgemein gängigen Praxis besonders geeignet, da sie auf das Aufdecken und das Verständnis ausgelegt sind (vgl. Corbin/Strauss 2008, Deshpande 1983). Um aufgezeichnete Kommunikation effektiv erfassen und bewerten zu können, muss die Inhaltsanalyse, die als beobachtende Forschungsmethode klassifiziert ist, systematisch und objektiv sowie quantitativ sein (vgl. Kassarjian 1977, Kolbe/Burnett 1991, Mayring 2002, Srnka/Koeszegi 2007).

In Anlehnung an Yadav, Prabhu und Chandy (2007) greift diese Studie auf Sekundärdaten zurück, auch um die Beschränkungen des Befragungsansatzes im Kontext der Unternehmensstrategie zu umgehen. Unterschiedliche Gründe lassen Geschäftsberichte für die vorliegende Fragestellung als angemessene Untersuchungsobjekte erscheinen. Die Verwendung von Geschäftsberichten gewährleistet die Datenverfügbarkeit für größere Stichprobengrößen und multiple Jahre. Da der Zweck eines Geschäftsberichts in der Bewertung, der Erklärung und der Ankündigung von unternehmerischen Maßnahmen liegt, enthält das Dokument auch Informationen zum Management des Produktportfolios. Darüber hinaus kann den Informationen ein hoher Wahrheitsgehalt zugeschrieben werden, da die Öffentlichkeit im Allgemeinen und die

Aktionäre im Speziellen auf die Objektivität und die Rechenschaft von Geschäftsberichten vertrauen und ihnen zudem zugeschrieben werden kann, dass sie die geäußerten Behauptungen überprüfen und verfolgen (vgl. Barr 1998, Yadav/Prabhu/Chandy 2007). Die Übereinstimmung der Tagesordnungen von Sitzungen der Geschäftsführung mit den Informationen im Geschäftsbericht, die Tuggle, Schnatterly und Johnson (2010) belegen, ist ein zusätzliches überzeugendes Argument für die Verwendung von Geschäftsberichten als Datengrundlage. Frühere Studien im Marketing und in anderen Disziplinen haben zudem bereits auf Daten aus Geschäftsberichten zurückgegriffen und die Analyse des Inhalts von Geschäftsberichten in zukünftigen Forschungsprojekten wird empfohlen (vgl. Bettman/Weitz 1983, D'Aveni/MacMillan 1990, Noble/Sinha/Kumar 2002).

2.4 Stichprobengenerierung und Datengrundlage

Die Stichprobengenerierung erfolgte im Anschluss an die Festlegung des Forschungsdesigns, nämlich der explorativen Inhaltsanalyse unter Verwendung von Sekundärdaten in Form von Geschäftsberichten. Der Prozess der Stichprobengenerierung entspricht einem Trichteransatz. In einem ersten Schritt wurden die wichtigsten Akteure in der Konsumgüterindustrie in Europa und Nordamerika identifiziert, die an der London Stock Exchange, der New York Stock Exchange inklusive Euronext und der Deutschen Börse gelistet sind. Die Sektorklassifizierungen, die von den Börsenplätzen bestimmt werden, bildeten die Grundlage zur Identifikation der Unternehmen (z.B. New York Stock Exchange 2008). Nach der Beseitigung von Mehrfachnennungen umfasste die vorläufige Stichprobe 552 Unternehmen, für die in einem zweiten Schritt detaillierte Unternehmensdaten aus COMPUSTAT gewonnen wurden. Dieses

Prozedere war für 453 Unternehmen erfolgreich. Die Gegenprobe der Global Industry Classification Standard (GICS) Codes und der Standard & Poor's Unternehmensbeschreibung aus der COMPUSTAT Datenbank sowie der Abgleich mit der angestrebten Klassifizierung "Konsumgüter" führten zum Ausschluss von 22 Dienstleistern, Handelsunternehmen und Industriegüterherstellern. Im letzten Schritt wurden Unternehmensseiten im Internet sowie öffentliche Datenbanken auf die Geschäftsberichte der Jahre 2007, 2008, 2009 und 2010 von 431 Unternehmen hin überprüft und gegebenenfalls die Unternehmen direkt kontaktiert. Es musste sichergestellt werden, dass die Dokumente konsistent für alle vier Untersuchungsjahre in englischer Sprache und im erforderlichen Datenformat vorlagen. Im Ergebnis umfasst die Stichprobe 265 internationale Unternehmen aus 18 verschiedenen Branchen.

Dieses Vorgehen zur Stichprobengenerierung bestimmt die Zusammensetzung der zu untersuchenden Unternehmen. Die Stichprobe entspricht einem Querschnitt an Herkunftsländern, Unternehmensgrößen und Branchen und ist in Tabelle 2-1 und Tabelle 2-2 dargestellt.

Produktportfoliomanagement in der Unternehmenspraxis 31

Unternehmenssitz	Unternehmen Anzahl	%	Unternehmensgröße (Mitarbeiter)	Unternehmen Anzahl	%
Vereinigte Staaten	113	42,6	< 500	33	12,4
Vereinigtes Königreich	56	21,1	500-999	24	9,1
Deutschland	28	10,6	1.000-2.499	37	14,0
Frankreich	18	6,8	2.500-4.999	39	14,7
Niederlande	8	3,0	5.000-9.999	27	10,2
Belgien	7	2,6	10.000-50.000	62	23,4
Rest der Welt	35	13,3	> 50.000	43	16,2

n = 265 Unternehmen

Tabelle 2-1: **Zusammensetzung der Stichprobe nach Unternehmenssitz und Unternehmensgröße**

Die Zusammensetzung der Stichprobe nach Branchenzugehörigkeit spiegelt die vorherrschende Heterogenität im Konsumgütersektor wider. Obwohl nicht alle Branchen gleichmäßig vertreten sind, entspricht diese Branchenverteilung jedoch den Größenverhältnissen in der COMPUSTAT Datenbank (siehe Tabelle 2–2).

Branche	Unternehmen		Branche (Andere)	Unternehmen	
	Anzahl	%		Anzahl	%
Nahrungsmittel	61	23,0	Gewerbliche Dienste & Betriebsstoffe	6	2,2
Gebrauchsgüter	48	18,1	Maschinen	6	2,2
Automobilteile	31	11,7	Software	3	1,3
Textilien, Bekleidung & Luxusartikel	28	10,6	Chemikalien	3	1,1
Freizeitausstattung & -artikel	18	6,8	Baumaterialien	3	1,1
Getränke	17	6,4	Industriekonglomerate	2	0,7
Automobilbranche	15	5,7	Einzelhandel: Spezial	1	0,4
Haushaltsartikel	11	4,1	Elektrische Geräte	1	0,4
Pflegeprodukte	10	3,8	Papier- & Forstprodukte	1	0,4

n = 265 Unternehmen

Tabelle 2-2: Zusammensetzung der Stichprobe nach Branchenzugehörigkeit

Nahrungsmittel (61 Unternehmen, d.h. 23,0 %) sind im Sample am stärksten vertreten, gefolgt von *Gebrauchsgütern* (48, 18,1 %), *Automobilteilen* (31, 11,7 %) und *Textilien, Bekleidung & Luxusartikel* (28, 10,6 %). Diese vier Branchen machen einen Anteil von 63,4 % der untersuchten Unternehmen aus. Fünf weitere Branchen sind jeweils durch mehr als zehn Unternehmen repräsentiert (*Freizeitausstattung &*

-artikel, Getränke, Automobilbranche, Haushaltsartikel, Pflegeprodukte, in absteigender Reihenfolge). Die übrigen Branchen decken einen relativ kleinen Anteil des Konsumgütersamples ab. Diese neun Industrien (*Gewerbliche Dienste & Betriebsstoffe, Maschinen, Software, Chemikalien, Baumaterialien, Industriekonglomerate, Einzelhandel: Spezial, Elektrische Geräte, Papier- & Forstprodukte*) werden im Zuge der Analysen unter der Bezeichnung *Andere* als Gruppe behandelt.

2.5 Codeentwicklung

Im nächsten Schritt diente eine Vorstudie zur Identifikation der Schlagworte, die die Grundlage für die Inhaltanalyse bilden. Ziel dieser Studie ist die Analyse der Maßnahmen, die die Größe von Produktportfolios determinieren. Somit sind die entsprechenden Verweise in Geschäftsberichten zu finden. Unternehmen greifen auf eine Reihe an Synonymen zurück, wenn sie Informationen zum "Produktportfolio" geben. Entsprechend galt es zuerst diese Synonyme zu bestimmen. Wie von Michalisin (2001) vorgeschlagen wurde eine Gruppe von zehn unabhängigen Marketingwissenschaftlern um alternative Begriffe für das "Produktportfolio" gebeten. Zusätzlich wurde eine Teilstichprobe der Geschäftsberichte (n = 46) auf die verwendete Terminologie hin untersucht. Schließlich wurden die Begriffe "product range", "product offer" und "product line" als relevante Synonyme für "product portfolio" eingestuft und für die weitere Analyse beachtet.

Es folgte die Inhaltsanalyse der Daten aus 1.060 Geschäftsberichten mit Hilfe der Software *ATLAS.ti,* welche die Analyse von unstrukturierten Textdokumenten unterstützt. Nach der Speicherung der Dateien in der Datenbank, wurden die Texte der Geschäftsberichte in kodierbare Einheiten aufgeteilt. Dabei umfassen die Referenzen jeweils eine sogenannte "thought unit" (Srnka/Koeszegi 2007, S. 36), d.h. eine Texteinheit, die einen einzelnen Aspekt in Form von Worten, Sätzen oder Absätzen enthält. Das Vorkommen des Wortes "portfolio" oder eines seiner Synonyma indiziert die Relevanz der Texteinheit für diese Studie (vgl. Yadav/Prabhu/Chandy 2007). Referenzen, die sich auf die Finanzausstattung, Forderungen oder das Finanzierungsportfolio beziehen wurden von der Analyse ausgeschlossen. In Übereinstimmung mit den Forschungsfragen wurden jene Referenzen betrachtet, die sich auf Maßnahmen beziehen, die eine Veränderung des Produktportfolios auslösen. 5.567 Referenzen wurden so im Sample identifiziert.

Die folgende Entwicklung des Codingschemas zur Analyse der Referenzen basiert auf diesem finalen Datensatz. Das Vorgehen im Rahmen der Inhaltsanalyse ist in Abbildung 2-1 dargestellt.

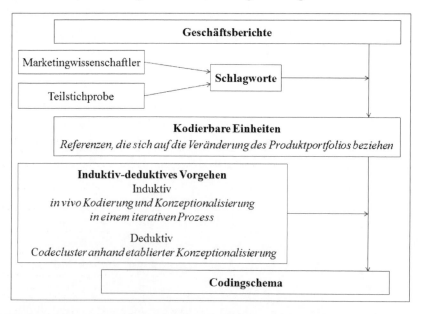

Abbildung 2-1: Vorgehen im Rahmen der Inhaltsanalyse

Dieses induktive Vorgehen entspricht dem explorativen Charakter der Studie und wird in einem iterativen Prozess durchgeführt (vgl. Seth/Thomas 1994). Das Prozedere erfordert ein wiederholtes Anpassen und Ergänzen des Codingschemas im gesamten Kodierungsprozess (vgl. Boyatzis 1998, Corbin/Strauss 2008, Deshpande 1983, Srnka/Koeszegi 2007). Ausgehend von der ursprünglichen Diktion im Text, der sogenannten in vivo Kodierung (vgl. Corbin/Strauss 2008), werden die Referenzen konzeptionalisiert und die Codes abgeleitet. Als Maßnahme zur Qualitätssicherung in dieser Phase der Analyse, wurden die gleichen zehn Marketingwissenschaftler konsultiert, die bereits früher involviert waren, um das Codingschema einer Plausibilitätsprüfung zu unterziehen und Augenscheinvalidität einzuholen. Abschließend wurde ein Kodierungswörterbuch erstellt, welches die Zuordnung der ursprünglichen Diktion zu den finalen Codes festlegt (vgl. Srnka/Koeszegi 2007). Drei Codekategorien und ein entsprechendes Codingschema resultierten aus diesem Prozess.

2.6 Codekategorien

Ziel dieser Untersuchung ist, die vorherrschende Geschäftspraktik im Management von Produktportfolio ausgedrückt durch Referenzen in Geschäftsberichten, zu beleuchten. Die Inhaltsanalyse der Geschäftsberichte für die Jahre 2007, 2008, 2009 und 2010 ergab drei Codekategorien. In erster Linie beinhalten die Referenzen eine konkrete Maßnahme im Rahmen des Produktportfoliomanagements wie Produkteinführungen, Erneuerungen der Produktpalette oder Produktlinienkonsolidierungen. Ursprünglich gingen zehn Codes für diese Codekategorie aus den Daten hervor. Sie sind damit das Ergebnis des induktiven Prozesses. Die so gegebene Komplexität erforderte eine Verdichtung der zehn Codes auf die drei Codes "add", "modify" und "eliminate" für diese erste Codekategorie "Maßnahmen im Produktportfoliomanagement, die eine Veränderung des Produktportfolios induzieren". Dieser deduktive Schritt entspricht etablierten methodischen Empfehlungen (vgl. Mayring 2002). Die Codezuordnung wurde von der Gruppe der zehn unabhängigen Marketingwissenschaftler unterstützt. Am Ende der Konzeptionalisierungsphase bezieht sich der Code "add" auf jegliche Maßnahme, die zu einer Ausweitung des Produktportfolios führt, inklusive Innovationen und Linienerweiterungen. Der Code "modify" deckt Veränderungen des bestehenden Portfolios wie Repositionierungen, Verbesserungen und Reorganisationen ab. Maßnahmen, die eine Reduktion des Produktportfolios nach sich ziehen, wie zum Beispiel Rationalisierungsbestrebungen oder die Einstellung von Produktlinien, werden mit "eliminate" kodiert.

Im Zuge der Codeentwicklung stellte sich heraus, dass sich die Referenzen zusätzlich auch in ihrem Zeitbezug unterscheiden. Unternehmen beschränken sich in ihren Geschäftsberichten nicht auf Erläuterungen zum jeweils abgeschlossenen Geschäftsjahr. Entsprechend ergibt sich die zweite Codekategorie "Zeitbezug" und die Kodierung in "past", "present" und "future" je nachdem ob die Aussagen einem Zeitraum vor dem jeweiligen Berichtsjahr, dem aktuellen Jahr oder einem zukünftigen Zeitpunkt zuzuordnen sind. Außerdem erläutern Unternehmen regelmäßig ihre generelle Vorgehensweise wie zum Beispiel ihre Innovationsorientierung, oder sie verweisen auf Ereignisse mit repetitivem Charakter wie zum Beispiel jährliche Portfolioüberprüfungen. Somit betreffen die Referenzen eine Zeitspanne und können den Codes "past", "present" und "future" nicht zugeordnet werden. Die

Verwendung des zusätzlichen Codes "time-spanning" wird diesem Sachverhalt gerecht.

Des Weiteren wurde der Geltungsbereich einer jeden Referenz dokumentiert. Hierzu wurde im Rahmen der Kodierung festgehalten ob sich die Aussagen auf strategische Produktportfolioentscheidungen auf Unternehmensebene beziehen oder ob sie das operative Level betreffen, also auf einzelne Segmente wie geographische Regionen, Unternehmensdivisionen oder funktionelle Bereiche beschränkt sind.

2.7 Reliabilitätsprüfung

Bevor die eigentlichen Ergebnisse beleuchtet werden, sollte die Reliabilität thematisiert werden. Die Inhaltsanalyse basiert im Kern auf qualitativen Einschätzungen der beteiligten Wissenschaftler. Die Integrität jeglicher zu ziehender Schlüsse beruht auf der Qualität der Datenkodierung (vgl. Perreault/Leigh 1989). Um valide Ergebnisse zu generieren, muss die Subjektivität, die einer jeden Einschätzung immanent ist minimiert werden (vgl. Kassarjian 1977, Perreault/Leigh 1989). Die Interrater-Reliabilität ist ein geeigneter Indikator zur Bewertung der Qualität von Daten, die auf der Einschätzung von Sachverständigen beruhen und ist inzwischen methodischer Standard (vgl. Kolbe/Burnett 1991, Perreault/Leigh 1989). Eine solche Überprüfung nimmt den Gedanken der Reproduzierbarkeit der Ergebnisse wörtlich indem sie den Grad der Konsistenz zwischen mehreren unabhängigen Sachverständigen bestimmt (vgl. Kassarjian 1977). Fünf Sachverständige waren an der Datenkodierung für diese Studie beteiligt. Die Übereinstimmung ihrer Ergebnisse ergibt sich aus Perreault und Leighs (1989) Maßzahl zur Reliabilität I_r. Die Methode beachtet explizit die Anzahl an sich wechselseitig ausschließenden Codekategorien und ist somit dem meist genutzten Index *Cohens Kappa* überlegen (vgl. Cohen 1960, Kolbe/Burnett 1991, Perreault/Leigh 1989, Rust/Cooil 1994). Konzeptionell entspricht der Reliabilitätsindex I_r dem Anteil an Beobachtungen, die ein Sachverständiger konsistent einordnen kann in Anbetracht der Art der Beobachtungen, des Codingschemas, der Kategoriedefinitionen, der Anweisungen und seiner persönlichen Fähigkeit (Perreault und Leigh 1989, S. 140). I_r ist spezifiziert als $\{[(F_o/N) - (1/k)][k/(k-1)]\}^{.5}$, für $F_o/N \geq 1/k$, wobei F_o für die beobachtete Häufigkeit der Übereinstimmung zwischen den Sachverständigen steht, N für die Gesamtzahl an Einschätzungen und k für die Anzahl an sich wechselseitig ausschließenden Codekategorien. Bei perfekter Übereinstimmung erreicht I_r ein Maximum von Eins, während ein Wert von Null impliziert, dass das Einvernehmen der Sachverständigen einem willkürlichen Ergebnis nahe- oder gleichkommt, welches durch Zufall erreicht wird wenn die Zuordnung zu den einzelnen Codes beliebig erfolgt (vgl. Perreault/Leigh 1989, Rust/Cooil 1994).

Weiterhin wurde der Empfehlung von Perreault und Leigh (1989, S. 137) gefolgt, die Interrater-Reliabilitätseinschätzung frühzeitig und wiederholt im Laufe des Prozesses diagnostisch anzuwenden, um das Vorgehen zu optimieren. Demnach liegen Werte zur Überprüfung der Interrater-Reliabilität zwischen jeweils zwei Sachverständigen für unterschiedliche Zeitpunkte und Prozessschritte der Inhaltsanalyse vor. Bereits zu Beginn der Analyse erfolgte die Überprüfung einer möglichen Abweichung bei der Bestimmung der zu kodierenden Einheiten für eine Teilstichprobe der Geschäftsberichte des Jahres 2009. Da dieser Prozessschritt wesentlich und bestimmend für den weiteren Verlauf der Analyse ist, ist der erzielte I_r-Wert von ‚70 kritisch zu sehen, auch wenn er im Rahmen einer explorativen Arbeit angemessen ist (vgl. Rust/Cooil

1994). Dieses Ergebnis begründete die gründliche Überarbeitung der Anweisungen zur Bestimmung der zu kodierenden Einheiten und führte somit zu einer Verbesserung des Prozesses. Stichprobenartige Tests in unterschiedlichen Teilsamples und Codekategorien ergaben gute I_r-Werte von circa ,80, was von einem ausreichenden Maß an Reliabilität zeugt (vgl. Perreault/Leigh 1989). In nur einem Falle erforderte der Interrater-Reliabilitätstest eine Korrektur der Codingregeln. Perreault und Leigh (1989) schlagen in einem solchen Falle die Überprüfung auf ein spezifisches Muster in den abweichenden Klassifizierungen vor, um die Quelle der Uneinigkeit aufzudecken. Hier resultierte die klarere Abgrenzung zweier Codes in einer Steigerung der Interrater-Reliabilität von ,67 auf ,83. Diese Verbesserung ist ein Indikator dafür, dass die diagnostische Anwendung der Interrater-Reliabilitätstests generell adäquat und von großer Wichtigkeit für die Inhaltsanalyse ist. In diesem speziellen Fall untermauern der Überprüfungsprozess und die resultierenden Maßzahlen die Reliabilität der vorliegenden Daten, welche in den nächsten Kapiteln näher beleuchtet werden.

2.8 Beständigkeit der Ergebnisse im Zeitverlauf

Das Sammeln und die Analyse von Daten über vier aufeinanderfolgende Jahre hinweg erlaubt die Überprüfung, ob die Ergebnisse jährlichen Schwankungen unterliegen. Weder die einfaktorielle Varianzanalyse (ANOVA) inklusive Tukeys Post Hoc Tests noch Chi-Quadrat-Tests unter Verwendung von *IBM SPSS Statistics 20* zeigen signifikante Unterschiede zwischen den Jahren in Bezug auf die Gesamtzahl an Referenzen pro Geschäftsbericht ($F(3, 1.581) = ,040$, $p = ,989$). Gleiches gilt für die Verteilung der Referenzen innerhalb der Codekategorien. Die einfaktorielle ANOVA ergibt keinen F-Wert über ,535 ($p > ,659$) für alle

Codes innerhalb der Codekategorien. Chi-Quadrat-Tests bestätigen dieses Ergebnis ($\chi^2(9, 5.567) = 14{,}998$, $p = {,}100$, $\chi^2(6, 5.567) = 10{,}754$, $p = {,}00$). Somit zeigen die Daten Beständigkeit der Ergebnisse im Zeitverlauf der Untersuchungsperiode.

2.9 Ergebnisse

2.9.1 Reporting von Produktportfolioveränderungen

Zuerst steht die Aufmerksamkeit, die der Veränderung des Produktportfolios in Geschäftsberichten zu Teil wird, im Zentrum der Untersuchung (siehe Tabelle 2-3).

Anzahl Geschäftsberichte, die Referenz(en) enthalten	Anzahl Unternehmen	% Unternehmen
0	17	6,42
1	13	4,91
2	26	9,81
3	44	1,.60
4	165	62,26
857	265	

n = 265 Unternehmen

Tabelle 2-3: **Häufigkeit der Referenzen zum Produktportfoliomanagement in Geschäftsberichten**

Nur 17 Unternehmen in der Stichprobe (6,42 %) haben in ihren Geschäftsberichten im Betrachtungszeitraum auf Verweise bezüglich konkreter Maßnahmen, die eine Veränderung des Produktportfolios implizieren, gänzlich verzichtet. Die anderen 248 Unternehmen im Sample (93,58%) erwähnen Entscheidungen in Bezug auf die Zusammensetzung des Produktportfolios mindestens einmal in irgendeinem ihrer Geschäftsberichte und im Durchschnitt 5,61mal pro Unternehmen. Dieser Mittelwert zeigt, dass dem Produktportfoliomanagement im Sinne der aktiven Kommunikation entsprechender strategischer Entscheidungen die Aufmerksamkeit des Managements zu Teil wird. Darüber hinaus ist es für die Mehrheit der betrachteten Unternehmen, nämlich für 165 oder 62,26 %, wiederkehrende jährliche Geschäftspraxis, das Produktportfolio zu verändern und diese Veränderung zu kommunizieren und entsprechend fester Bestandteil der Ausführungen in einem jeden Geschäftsbericht. Innerhalb der Stichprobe berichten 83 Unternehmen (37,74 %) nicht in einer solch konsistenten Art und Weise. Während 44 (16,60%) von ihnen für diese Studie relevante Information in drei ihrer Geschäftsberichte im Untersuchungszeitraum geben, berichten 26 (9,81 %) Maßnahmen im Rahmen des Produktportfoliomanagements in zwei und 13 (4,91%) in nur einem untersuchten Jahr. Ob und wann diese Aussagen zum Produktportfoliomanagement gemacht werden folgt keinem speziellen Muster, sondern erscheint zufällig. Wie in Tabelle 2-4 zu sehen ist, sind die vereinzelten Geschäftsberichte von 13 Unternehmen gleichmäßig über die Untersuchungsjahre verteilt. Es finden sich 4 in 2007, 2 in 2008, 4 in 2009 und 3 in 2010.

Anzahl Geschäfts-berichte, die Referenz(en) enthalten	Anzahl Unter-nehmen	Jahr			
		2007	2008	2009	2010
1	4	Referenz(en)			
	2		Referenz(en)		
	4			Referenz(en)	
	3				Referenz(en)
n = 13 Unternehmen					

Tabelle 2-4: **Verteilung der einzelnen Geschäftsberichte mit Referenz(en) zu Maßnahmen im Produktportfoliomanagement**

Diejenigen Unternehmen, deren Berichterstattung nicht so konsistent ist, sondern welche Informationen zu ihrem Produktportfoliomanagement in zwei oder drei Geschäftsberichten veröffentlichen, teilen sich gleichmäßig in solche mit einem konsekutiven Ansatz und solche mit einem nicht-konsekutiven Berichtsverhalten auf. Die Daten zeigen weder eine Regelmäßigkeit in Bezug auf die Abfolge der Geschäftsberichte mit entsprechenden Referenzen noch legen sie einen Trend über die Zeit nahe (siehe Tabelle 2-5).

Produktportfoliomanagement in der Unternehmenspraxis

Anzahl Geschäftsberichte, die Referenz(en) enthalten	Anzahl Unternehmen	Jahr			
		2007	2008	2009	2010
2	9	Referenz(en)	Referenz(en)		
	5		Referenz(en)	Referenz(en)	
	0			Referenz(en)	Referenz(en)
	3	Referenz(en)		Referenz(en)	
	7	Referenz(en)			Referenz(en)
	2		Referenz(en)		Referenz(en)
3	14		Referenz(en)	Referenz(en)	Referenz(en)
	6	Referenz(en)		Referenz(en)	Referenz(en)
	17	Referenz(en)	Referenz(en)		Referenz(en)
	7	Referenz(en)	Referenz(en)	Referenz(en)	

n = 70 Unternehmen

Tabelle 2-5: **Verteilung der Unternehmen, die über Maßnahmen im Produktportfoliomanagement in zwei oder drei Geschäftsberichten informieren**

Die Gruppierung der Unternehmen in einer solchen Weise, also nach ihrer Berichterstattung in einem einzelnen Jahr, in zwei Jahren, in drei Jahren oder in allen vier Jahren im Untersuchungszeitraum, liefert zusätzliche Erkenntnisse.

Zum einen zeigt die einfaktorielle ANOVA, dass die Gruppenzugehörigkeit einen signifikanten Effekt auf die Gesamtzahl an Referenzen hat ($F(4, 1.055) = 79{,}594$, $p = ,000$). Zudem beeinflusst die Gruppenzugehörigkeit die Verteilung der Referenzen innerhalb der Codekategorien signifikant. Der kleinste F-Wert, der aus der ANOVA resultiert liegt bei 11,066 ($p = ,000$). Darüber hinaus ergibt sich eine hochsignifikante bivariate Korrelation zwischen der Anzahl an Geschäftsberichten, die Referenz(en) enthalten und der Anzahl der Referenzen ($r = ,441$, $n = 1.060$, $p = ,000$). Gleiches gilt für die Beziehung zwischen der Anzahl an Geschäftsberichten, die Referenz(en) enthalten und der Anzahl an Referenzen je Code mit Korrelationskoeffizienten über ,180 ($n = 1.060$, $p = ,000$). Je häufiger Unternehmen Maßnahmen, die ihre Portfolios verändern erwähnen desto ausführlicher sind sie in ihren Berichten, d.h. desto mehr Aufmerksamkeit wird dem Produktportfoliomanagement pro Geschäfts-bericht, der mindestens eine Referenz enthält, zuteil. Tabelle 2-6 veranschaulicht diese Ergebnisse und zeigt steigende durchschnittliche Referenzzahlen, die mit einer steigenden Anzahl an Geschäftsberichten einhergeht für jene 857 Geschäftsberichte, die ein Minimum an einer Referenz enthalten.

Anzahl Geschäfts- berichte, die Referenz(en) enthalten	Anzahl Unter- nehmen	Gesamt- zahl Referenzen	Referenzen pro Geschäftsbericht		
			Durch- schnittliche (Ø) Anzahl	Standardab- weichung (σ)	Max. An- zahl
1	13	20	1,54	0,967	4
2	26	112	2,15	1,319	7
3	44	443	3,36	3,458	20
4	165	4.992	7,56	6,766	46
Total	248	5.567	6,50	6,412	46

n = 248 Unternehmen/ 857 Geschäftsberichte, die mindestens eine Referenz enthalten

Tabelle 2-6: **Reporting der Produktportfolioveränderung**

In Bezug auf den Geltungsbereich der Referenzen zeigt die Analyse, dass in der Hälfte der Geschäftsberichte, die ein Minimum an einer Referenz enthalten, sowohl strategische Informationen zur Unternehmensebene als auch operative Teilbereichsinformationen veröffentlicht werden (425 von 857, d.h. 49,59 %). Die übrigen konzentrieren sich auf eine der beiden Perspektiven mit 130 (15,17 %) Unternehmen, die sich für die operative Ebene entschieden haben, und 302 (35,24 %) die grundsätzlich nur strategische Einblicke in ihr übergeordnetes Produktportfoliomanagement geben. Dieses Ergebnis verdeutlicht die abweichenden Ansätze, Verantwortlichkeiten und hierarchischen Zuständigkeiten im praktischen Produktportfoliomanagement wie es zum Beispiel von Avlonitis (1985), Bordley (2003) und Tyagi und Sawhney (2010) festgestellt wurde.

2.9.2 Maßnahmen, die die Veränderung des Produktportfolios induzieren

Nachdem das Reporting der Maßnahmen, welche zu einer Veränderung des Produktportfolios führen, belegt ist, folgt nun die Beantwortung der zweiten Forschungsfrage und die Untersuchung der Hinweise in Geschäftsberichten auf die konkrete Ausgestaltung des Produktportfoliomanagements. Hierzu dienen die Ergebnisse der ersten Codekategorie "Maßnahmen, die die Veränderung des Produktportfolios induzieren". Dabei werden nur die 857 Geschäftsberichte beachtet, die tatsächlich Verweise auf die Veränderung des Produktportfolios enthalten. Wie Tabelle 2-7 verdeutlicht, ist die Hinzunahme von Produkten zum Portfolio ("add") am häufigsten berichtet.

Nahezu alle Geschäftsberichte (90,67%) erwähnen Sachverhalte, die mit der Hinzunahme von Produkten zum Portfolio in Verbindung stehen zumindest einmal. Ein durchschnittlicher Geschäftsbericht enthält 4,10 Referenzen mit entsprechendem Informationsgehalt. Das Management des bestehenden Portfolios ("modify") sowie Eliminationsentscheidungen ("eliminate") werden erheblich seltener angesprochen. Während immer noch mehr als die Hälfte der Geschäftsberichte (55,78 %) ersteres diskutiert, bezieht sich nur knapp ein Drittel (30.11 %) auf die Eliminierung von Produkten oder Produktlinien.

	Geschäftsberichte		Referenzen		Referenzen pro Geschäftsbericht		
Codes	Anzahl	%	Anzahl	%	Ø Anzahl	σ	Max.
add	777	90,67	3.513	63,10	4,10	4,23	34
modify	478	55,78	843	21,76	1,41	2,25	18
eliminate	258	30,11	1.211	15,14	0,98	4,09	30
Total	857		5.567		6,50	6,41	46

n = 857 Geschäftsberichte

Tabelle 2-7: **Ergebnisse der Codekategorie "Maßnahmen im Produktportfoliomanagement"**

Die Spannweite und die maximalen Werte der Codetypen, insbesondere des Codes "eliminate", weisen auf Ausreißer hin. Eine nähere Untersuchung der Daten auf individueller Ebene bestätigt dieses Ergebnis. Das neunzigste Perzentil des Codes "eliminate" ist 2, d.h. 90 % der Geschäftsberichte beinhalten ein Maximum von 2 Verweisen auf Eliminationsentscheidungen. Im Gegensatz dazu liegt das neunzigste Perzentil für "modify" bei 3 und für "add" bei 8. Insgesamt weisen diese Ergebnisse auf ein Verhaltensmuster in den Daten hin, dass eine gängige Praxis in der Berichterstattung der Unternehmen in der Stichprobe nahe legt.

Neben diesen Erkenntnissen ergibt die Analyse der zweiten Codekategorie interessante Resultate (siehe Tabelle 2-8).

	Geschäftsberichte		Referenzen		Referenzen pro Geschäftsbericht		
Codes	Anzahl	%	Anzahl	%	Ø Anzahl	σ	Max.
present	672	78.41	2.795	50.21	3.26	4.38	33
time-spanning	490	57.18	1.223	21.97	1.43	2.28	15
future	393	45.86	923	16.58	1.08	1.90	12
past	291	33.96	626	11.24	0.73	1.78	13
Total	857		5.567		6.50	6.41	46

n = 857 Geschäftsberichte

Tabelle 2-8: **Ergebnisse der Codekategorie "Zeitbezug"**

Wie in Geschäfts-berichten zu vermuten, adressiert der größte Teil der identifizierten Referenzen (50,21 %) aktuelle Ereignisse im jeweiligen Berichtsjahr und wurde entsprechend mit "present" kodiert. Die durchschnittliche An-zahl der Referenzen pro Geschäftsbericht, die sich auf die Gegenwart beziehen, übertreffen die anderen Parameterwerte bei weitem. Zudem sind Streuung (4,38) sowie Maximalwert (33) für diesen Code be-merkenswert. Bei näherer Betrachtung zeigen die Daten, dass die Aus-reißer unter den Unternehmen, welche eine insgesamt sehr hohe Zahl an Referenzen aufweisen, den Großteil ihrer Aufmerksamkeit dem je-weiligen Berichtsjahr widmen. Dennoch geben Unternehmen Information über das gerade abgeschlossene Geschäftsjahr hinaus. Im

Produktportfoliomanagement in der Unternehmenspraxis 49

Sample informieren 57,18% der Geschäftsberichte über das grundsätzliche Vorgehen der Unternehmen, ausgedrückt im Code "time-spanning", und 45,86% kündigen zukünftige ("future") Veränderungen des Produktportfolios an. In diesem Zusammenhang spielen vergangene ("past") Begebenheiten eine untergeordnete Rolle.

Neben diesen separaten Ergebnissen pro Codekategorie trägt ihre gemeinsame Betrachtung zum Verständnis des Produktportfoliomanagements in der Unternehmenspraxis bei. Tabelle 2-9 illustriert das gemeinsame Vorkommen, die sogenannte Co-Occurrence, der beiden Codekategorien "Maßnahmen im Produktportfoliomanagement" und "Zeitbezug". Die Unterschiede in den Proportionen sind hoch signifikant (χ^2 (6, 5.567) = 232,22, p = ,000) und entsprechend besteht eine Verbindung zwischen den beiden Kategorien.

	add	modify	eliminate	Total
present	1.848	534	413	2.795
time-spanning	666	316	196	1.223
future	653	220	50	923
past	346	96	184	626
Total	3.513	1.211	843	5.567

n = 857 Geschäftsberichte

Tabelle 2-9: **Gemeinsames Vorkommen der Codes (Co-Occurrences)**

Wie bereits aus den vorausgegangenen Analysen ersichtlich sind die beiden Codes "add" und "present" innerhalb ihrer jeweiligen Codekategorie dominierend. Mit 1.848 Referenzen (33,20 %) ist diese Dominanz in der Analyse der Co-Occurrences augenscheinlich. Doch die gemeinsame Betrachtung führt zu interessanten zusätzlichen Erkenntnissen. Wie in Tabelle 2–9 zu sehen ist, beziehen sich insgesamt nur 50 Referenzen, welche aus 37 unterschiedlichen Geschäftsberichten (4,32 %) stammen und 29 Unternehmen (10,94 %) zuzuordnen sind auf Entscheidungen zur Elimination von Produkten in der Zukunft. Dies entspricht einem Durchschnitt von 0,06 Referenzen pro Geschäftsbericht, der mindestens eine Referenz enthält. In anderen Worten ist die Ankündigung von zukünftigen Eliminationen eine unübliche Praxis. Zudem scheinen Unternehmen eher ihre grundsätzliche Strategie ("timespanning") ihr Portfolio zu reduzieren ("eliminate") offenzulegen, als an Eliminationen zu erinnern, die in der Vergangenheit ("past") durchgeführt worden sind.

2.9.3 Branchenspezifische Analyse und Ergebnisse

Bisher geben die Ergebnisse einen Einblick in die Vorgehensweisen im Produktportfoliomanagement von Konsumgüterherstellern belegt anhand ihrer Berichtspraxis in Geschäftsberichten. Die Spezifikation "Konsumgüter" trifft jedoch auf eine Vielzahl an unterschiedlichen Unternehmen zu. Nach dem Global Industry Classification Standard (GICS), welcher Unternehmen anhand des Schwerpunkts ihrer Geschäftstätigkeit zuordnet (vgl. Bhojraj/Lee/Oler 2003), sind 18 verschiedene Branchen in der hier untersuchten Stichprobe vertreten. Das Verhältnis der einzelnen Branchen ist, wie bereits erläutert, unausgewogen. Jedoch entspricht die Zusammensetzung des Samples nach Branchenzugehörigkeit der vorherrschenden Heterogenität im Konsumgütersektor und spiegelt generell die Verteilung innerhalb der COMPUSTAT Datenbank wider.

Trotz der gegebenen Unterschiede in den Gruppengrößen stellt sich die Frage, ob Verhaltensweisen in der Berichterstattung zum Produktportfoliomanagement Eigenheiten bestimmter Branchen sind oder ob sie sich über Branchen hinweg beobachten lassen. Konkret gilt es zu untersuchen, ob es einen Hinweis darauf gibt, dass die Branchenzugehörigkeit die Produktportfoliostrategie beeinflusst, wie bereits schon früher, zum Beispiel von Morgan und Rego (2009), festgestellt wurde.

Zuerst soll wieder die Aufmerksamkeit, die den Maßnahmen, die eine Veränderung des Produktportfolios induzieren, ermittelt werden. Grundsätzlich entsprechen die Analysen denen der Gesamtbetrachtung. Untersucht wird die Berichterstattung der neun größten Branchen in der Stichprobe und der verbleibenden Branchen zusammengefasst unter *Andere*.

Eine ANOVA bestätigt, dass die Branchenzugehörigkeit einen signifikanten Effekt auf die Häufigkeit der Referenz zum Produktportfolio im Untersuchungszeitraum hat ($F(9, 1.050) = 3,075$, $p = ,001$). Die Gegenüberstellung in Post Hoc Tests hilft bei der Identifikation der statistisch relevanten Ähnlichkeiten und Unterschiede in den Mittelwerten der verschiedenen Gruppen. Der paarweise Test nach Gabriel, welcher auf die Überprüfung von ungleichen Samplegrößen ausgelegt ist (vgl. Gabriel 1978), ergibt für die Anzahl an Geschäftsberichten, die für die Untersuchung relevante Informationen enthalten, keinerlei Untergruppen an Branchen in der Stichprobe, die homogen untereinander sowie abgegrenzt voneinander sind. Jedoch zeigt der paarweise Vergleich der Branchen in Bezug auf die Anzahl an Geschäftsberichten, die über Veränderungen im Produktportfolio informieren, dass das signifikante Ergebnis der ANOVA auf die Unterschiede zwischen den Extremen, also zwischen dem Mittelwert von 2,96 Geschäftsberichten im *Gebrauchsgüter*sektor einerseits und 3,59 für *Getränke*hersteller (p = ,005) beziehungsweise 3,60 für *Pflegeprodukte* (p = ,042) andererseits zurückzuführen ist. Mit einer Bandbreite von 3,04 bis 3,47 unterscheiden sich die übrigen Branchenmittelwerte nicht signifikant. Abermals findet sich keine spezifische Verhaltensweise hinsichtlich ob oder wann Unternehmen über Veränderungen in ihrem Produktportfolio berichten.

Im nächsten Schritt dient eine zweite ANOVA der Untersuchung ob Branchenzugehörigkeit einen signifikanten Einfluss auf die Anzahl an Referenzen zu Maßnahmen im Produktportfoliomanagement pro Geschäftsbericht hat. Die Analyse bestätigt diese Wirkung (F(9, 1.050) = 11,493, p = ,000). Die *Gebrauchsgüter*branche gibt mit einem Wert von 3,58 an durchschnittlichen Referenzen pro Geschäftsbericht das geringste Maß an Information. Am anderen Ende des Spektrums steht ein Durchschnitt von 10,03 Referenzen in den Geschäftsberichten der *Automobilindustrie*. Diese Werte erscheinen als Teil der Ergebnisse des Post Hoc Tests nach Gabriel für die durchschnittliche Anzahl an Referenzen pro Branchenuntergruppe in Tabelle 2-10.

		Untergruppen für Alpha = 0.05		
Branche	n	1	2	3
Gebrauchsgüter	192	3,58		
Automobilteile	124	4,16	4,16	
Textilien, Bekleidung &Luxusartikel	112	4,26	4,26	
Andere	104	4,52	4,52	
Freizeitausstattung & -artikel	72	4,72	4,72	
Nahrungsmittel	244	4,96	4,96	
Pflegeprodukte	40		7,23	7,23
Getränke	68			8,35
Haushaltsartikel	44			9,25
Automobilindustrie	60			1,03
Signifikanz		,999	,071	,160

Die Mittelwerte für die in homogenen Untergruppen befindlichen Gruppen werden angezeigt.

n = 1.060 Geschäftsberichte

Tabelle 2-10: **Ergebnisse des Post-Hoc-Tests nach Gabriel: Durchschnittliche Anzahl an Referenzen pro Geschäftsbericht für Branchenuntergruppen**

Es lassen sich erneut keine klaren Branchenuntergruppen finden. Dennoch verdeutlicht Tabelle 2–10 das branchenspezifische Verhältnis der Aufmerksamkeit, die Maßnahmen, die eine Veränderung des Produktportfolios induzieren, zu Teil wird. Der Test identifiziert jedoch hoch signifikante (p < .010) Unterschiede zwischen 19 Branchenpaaren, wie Tabelle 2-11 zu entnehmen ist. Die paarweisen Vergleiche der anderen Branchen sind auf einem Niveau von p < ,050 nicht signifikant, d.h. die Mittelwerte dieser Gruppen unterscheiden sich nicht signifikant.

	Automobil-industrie	Getränke	Haushalts-artikel	Pflege-produkte
Gebrauchsgüter	6,445 (,000)	4,775 (,000)	5,672 (,000)	3,647 (,010)
Automobilteile	5,872 (,000)	4,192 (,000)	5,089 (,000)	–
Textilien, Bekleidung &Luxusartikel	5,774 (,000)	4,094 (,000)	4,991 (,000)	–
Freizeitaus-stattung & -artikel	5,311 (,000)	3,631 (,000)	4,528 (,004)	–
Nahrungsmittel	5,070 (,000)	3,390 (,001)	4,287 (,000)	–
Andere	5,514 (,000)	3,834 (,002)	4,731 (,000)	–

n = 1.060 Geschäftsberichte

Tabelle 2-11: **Zusammenfassung der Ergebnisse des Mehrfachvergleichs nach Gabriel: mittlere Differenz der Anzahl der Referenzen pro Geschäftsbericht von Branchenpaaren**

Die *Automobilindustrie, Getränke* und *Haushaltsartikel* widmen eine signifikant höhere Anzahl an Referenzen pro Geschäftsbericht den Maßnahmen im Produktportfoliomanagement im Vergleich zu allen Branchengruppen mit Ausnahme von einer. Gleichzeitig unterschieden sich diese drei Branchen nicht in ihrer Referenzhäufigkeit wenn sie miteinander verglichen werden (p > ,995). Wie aus beiden Tabellen hervorgeht, d.h. Tabelle 2–10 und Tabelle 2–11, liegen die Hersteller von *Pflegeprodukten* an der Schnittstelle zwischen Branchen mit einer durchschnittlich hohen Zahl an Referenzen und denen mit einer niedrigen Referenzhäufigkeit. Diese Branche berichtet Veränderung ihrer Produktportfolios signifikant öfter als die *Gebrauchsgüter*branche (p = ,010), unterscheidet sich aber nicht signifikant von den anderen Gruppen (p > ,161). Ein Grund für die niedrigen Mittelwerte der *Gebrauchsgüter*hersteller kann der hohen Zahl an Unternehmen zugeschrieben werden, die nicht eine einzige Entscheidung zur Veränderung ihrer Produktportfolios im Betrachtungszeitraum äußern. Von den insgesamt 17 Unternehmen in der Stichprobe, die Informationen dieser Art verweigern, sind sechs Unternehmen dem *Gebrauchsgüter*sektor zuzuordnen. Diese sechs Unternehmen machen einen Anteil von 12,50% der ursprünglich im Sample vertretenen *Gebrauchsgüter*unternehmen aus. Keine andere Branche zeigt ein vergleichbares Verhalten.

Insgesamt kann festgehalten werden, dass die Aufmerksamkeit, die Veränderungen im Produktportfolio zu Teil wird, ungleichmäßig zwischen den Branchen verteilt ist und dass der *Gebrauchsgüter*bereich im Rückstand ist. Dieses Ergebnis hat auch dann Bestand, wenn das Sample auf die Geschäftsberichte beschränkt ist, die Informationsgehalt für diese Studie haben. Wenn sich die Analyse also auf die 857 Geschäftsberichte konzentriert, die tatsächlich Referenzen zu Veränderungen im Produktportfolio enthalten, verändern sich die Verhältnisse in den Referenzhäufigkeiten der unterschiedlichen Branchen nicht erheblich. Somit wird der Fokus im Folgenden, analog zur Gesamtbetrachtung, beibehalten.

Die Untersuchung, ob sich Branchenunterschiede in den berichteten konkreten Maßnahmen im Produktportfoliomanagement entdecken lassen schließt sich an. Für dieses Unterfangen sind wiederum die 857 Geschäftsberichte von Relevanz, die sich tatsächlich der Veränderung des Produktportfolios widmen. Die Ergebnisse in Bezug auf die Berichterstattung zu Portfoliomaßnahmen in Geschäftsberichten weisen darauf hin, dass einige, aber nicht alle Branchen signifikant unterschiedliche Mittelwerte haben. Gabriels paarweiser Post Hoc Test (vgl. Gabriel 1978) kann auch hier wieder keine trennscharfen Untergruppen identifizieren. Somit muss sich die Aussage auf allgemein signifikante Branchenunterschiede beschränken. Diese Unterschiede sind in Bezug auf die Richtung der Portfolioveränderung mehr oder weniger stark ausgeprägt. Es zeigt sich ein insgesamt signifikanter Branchenunterschied im Rahmen der Hinzunahme von Produkten zum Portfolio ($F(9, 847) = 10,787$, $p = ,000$) und für Portfoliomodifikationen ($F(9, 847) = 7,906$, $p = ,000$). Der Unterschied in der Berichterstattung zu Eliminationsentscheidungen ist nicht sehr stark ausgeprägt ($F(9, 847) = 1,942$, $p = ,043$). Wichtiger ist jedoch die Tatsache, dass sich für den Code "eliminate" nur ein einziger hoch signifikanter Unterschied in den paarweisen Branchenvergleichen finden lässt. Mit Werten von ,49 respektive 2,21 verkörpern diese beiden Branchen die Extrema, wenn es um die durchschnittliche Referenz zu Eliminationen aus dem Portfolio geht. Der Mittelwertunterschied zwischen den *Gebrauchsgüter*herstellern und den *Haushaltsprodukt*unternehmen beträgt 1,718 und ist auf dem Niveau $p = ,011$ signifikant. Davon abgesehen deutet die branchenspezifische Analyse auf Einigkeit in Bezug auf die Vernachlässigung von Eliminationsentscheidungen in den untersuchten Geschäftsberichten hin.

Für einige der Branchen ergeben die Post Hoc Tests zusätzliche erwähnenswerte Einblicke. Die überdurchschnittlich hohe Zahl an Referenzen der Branchen *Getränke*, *Haushaltsprodukte* und *Pflegeprodukte* bestätigen sich in allen drei Ausprägungen der Veränderungen des Produktportfolios. Interessanter Weise weicht die *Automobilindustrie* ab. Ihre hohe Anzahl an Referenzen schlägt sich nicht in einer hohen Zahl an Verweisen auf Portfoliokürzungen nieder. Mit einem Mittelwert von ,50 liegen die Unternehmen der *Automobilindustrie* nur knapp über dem *Gebrauchsgüter*sektor (Mittelwert = ,49), der grundsätzlich wenige Referenzen aufweist.

Die branchenspezifische Analyse bringt keinen bedeutenden Informationsgewinn in Bezug auf die zweite Codekategorie "Zeitbezug". Die signifikanten Branchenunterschiede $F(9, 857) > 2,233$, $p < ,18$) können durchweg mit signifikanten paarweisen Abweichungen erklärt werden. Insgesamt haben die Ergebnisse aus der Hauptanalyse Bestand. Eine einzelne Branche weicht jedoch vom gängigen Verhaltensmuster ab (siehe Tabelle 2-12).

Die *Automobilindustrie* widmet eine signifikant ($p = ,000$) höhere Zahl an Referenzen zukünftigen ("future") Maßnahmen im Produktportfoliomanagement als alle übrigen Branchen in der Stichprobe. Diese bilden wiederum eine homogene Untergruppe (vgl. Gabriel 1978).

		Untergruppen für Alpha = 0.05	
Branche	n	1	2
Pflegeprodukte	36	,61	
Andere	84	,68	
Automobilteile	100	,88	
Nahrungsmittel	199	,92	
Getränke	61	,93	
Gebrauchsgüter	142	,94	
Textilien, Bekleidung &Luxusartikel	85	1,07	
Haushaltsartikel	38	1,08	
Freizeitausstattung & -artikel	60	1,33	
Automobilindustrie	52		3,27
Signifikanz		,424	1,000

Die Mittelwerte für die in homogenen Untergruppen befindlichen Gruppen werden angezeigt.

n = 857 Geschäftsberichte

Tabelle 2-12: **Ergebnisse des Post-Hoc-Tests nach Gabriel: Durchschnittlich Anzahl an Referenzen, die sich auf die Zukunft beziehen für Branchenuntergruppen**

Mit einem Mittelwert von 3,27 Referenzen pro Geschäftsbericht ist der Unterschied offensichtlich. Die *Automobilindustrie* widmet zukünftigen Maßnahmen im Produktportfolio beinahe doppelt so viele Referenzen im Vergleich zu ihrer generellen Vorgehensweise ("time-spanning", Mittelwert = 1,69), während vergangene ("past") Begebenheiten beinahe irrelevant erscheinen (Mittelwert = ,44). Diese Befunde attestieren der *Automobilindustrie* eine ausgeprägte Zukunftsorientierung, was zu dem Ergebnis passt, dass Produkteliminationen beinahe vollständig auf der Agenda der *Automobilindustrie* fehlen. Insgesamt spiegelt sich die jährliche Modellpolitik, die in der Branche üblich ist, in den Daten wider.

Zusammenfassend zeigt die branchenspezifische Analyse, dass die Häufigkeit, mit der Unternehmen Veränderungen in ihrem Produktportfolio berichten, idiosynkratisch für unterschiedliche Branchengruppen ist. Die Aufmerksamkeit, die Maßnahmen im Produktportfoliomanagement beziehungsweise Entscheidungen zur Veränderungen des Portfolios zu Teil wird, variiert mitunter stark. Die generelle Verteilung der Aufmerksamkeit der Referenzen innerhalb der Codekategorien ist jedoch weitestgehend über Branchen hinweg zu beobachten.

2.10 Diskussion, Implikationen und Forschungsausblick

Die vorliegende explorative Studie hat das Produktportfoliomanagement in der Unternehmenspraxis anhand der Berichterstattungen in Geschäftsberichten untersucht. Die Inhaltsanalyse von 1.060 Geschäftsberichten eines großen branchenübergreifenden Samples von 265 Konsumgüterunternehmen über einen Zeitraum von vier Jahren geht in ihrem Umfang weit über einen Einzelbericht hinaus. Da das Verständnis von tatsächlichen Maßnahmen, Prozessen und Phänomenen eine Grundvoraussetzung sowohl für die theoretische als auch für die praktische

Weiterentwicklung eines jeden Bereichs ist (vgl. Hunt 2009, 1976), stellt diese Studie einen wichtigen Schritt für das Produktportfoliomanagement dar.

Die Analyse des Reportings von Maßnahmen zur Veränderung des Produktportfolios zeigt, dass die Bedeutung, die die Wissenschaft dem Thema beimisst, in der Unternehmenspraxis reflektiert ist. Beinahe die Gesamtheit (93,58 %) der Konsumgüterunternehmen in der Stichprobe veröffentlicht entsprechende Informationen zu ihrem Produktportfolio in zumindest einem ihrer Geschäftsberichte zwischen 2007 und 2010. Für die Mehrheit (62,26 %) sind Updates des Produktportfolios wiederkehrende jährliche Praxis und fester Bestandteil ihrer Berichterstattung. Darüber hinaus ergibt sich, dass Unternehmen je häufiger sie Veränderungen ihres Produktportfolios adressieren dies auch ausführlicher tun, d.h. dass die Aufmerksamkeit für das Produktportfoliomanagement im einzelnen Geschäftsbericht steigt. Nach Tuggle, Schnatterly und Johnson (2010) bedeutet diese Aufmerksamkeit, dass Entscheidungen zur Zusammensetzung des Produktportfolios in der Tat Thema der Diskussionen der Geschäftsführung in ihren Sitzungen sind. Folglich scheinen Veränderungen des Produktportfolios fester Bestandteil der aktuellen Unternehmenspraxis zu sein – auch wenn diese Aufmerksamkeit im Branchenvergleich nicht einheitlich ausgeprägt ist.

Manager in Konsumgüterunternehmen, denen die Ergebnisse dieser Studie vorgestellt wurden, bestätigen dieses Ergebnis. Insgesamt beobachten sie, dass die Produktportfolios in ihrer Branche kontinuierlicher Veränderung unterliegen. Wie ein Produktmanager eines Gebrauchsgüterherstellers feststellt:

"Das [Produktportfoliomanagement] wird immer komplexer - aufgrund der vielen Innovationen in der Branche und dem Wettbewerbsdruck ständig etwas Neues anzubieten."

Ausgehend von der Erkenntnis, dass Produktportfolios ständig in Bewegung sind, stellt sich die Frage, welche Arten von Veränderungen zu beobachten sind. Insgesamt lassen die Daten auf ein Verhaltensmuster in der Berichterstattung der Unternehmen in der Stichprobe schließen. Im Zuge des Produktportfoliomanagement ist die Hinzunahme von neuen Produkten zum Portfolio das vorherrschende Anliegen der Unternehmen, während die Produktelimination weitestgehend unberücksichtigt bleibt. Modifikationen des bestehenden Portfolios finden in jedem zweiten Geschäftsbericht Erwähnung. Die deutliche Mehrheit (63,10 %) aller identifizierten Referenzen beziehen sich auf Maßnahmen, die zu einer Vergrößerung des Portfolios führen. Die gezielte Analyse der unterschiedlichen Branchen zeigt Einigkeit in Bezug auf die Vernachlässigung der Eliminationsentscheidungen in Geschäftsberichten. Dieses Versäumnis wurde bereits früher angemahnt (vgl. Avlonitis/Hart/Tzokas 2000, Homburg/Fürst/Prigge 2010, Varadarajan/ DeFanti/Busch 2009). Die Untersuchung des gängigen Vorgehens im Produktportfoliomanagement verdeutlicht, dass sich die Unausgewogenheit zwischen Innovation und Elimination in der Forschung auch in der Unternehmenspraxis widerspiegelt. Darüber hinaus finden sich Belege dafür, dass Konsumgüterunternehmen nicht dazu neigen, die Elimination von Produkten anzukündigen, auch wenn diese Maßnahme bereits empfohlen worden ist (vgl. Homburg/Fürst/Prigge 2010). Nur sehr wenige Geschäftsberichte enthalten Informationen zur zukünftigen Elimination von Produkten. Folglich scheinen Manager grundsätzlich zurückhaltend zu sein, wenn es darum geht sich mit Produkteliminationen zu befassen und, im Speziellen, sie anzukündigen. Diese Zurückhaltung ist in den Daten dokumentiert und scheint anzuhalten. Die Ergebnisse zeigen, dass Entscheidungsträger Produkteliminationen als ein wertvolles Instrument und elementaren Bestandteil im Rahmen des Produktportfoliomanagements begreifen sollten (vgl. Avlonitis/Hart/ Tzokas 2000). Die Manager, denen die Ergebnisse dieser Studie zur Verfügung gestellt wurden, äußern ein steigendes Bewusstsein für die Bedeutung der Produkteliminationen, auch wenn Zielvorstellungen und Unternehmensrealität weiterhin voneinander abzuweichen scheinen. Diese Abweichung wird durch einen Kommentar eines Produktmanagers in der Nahrungsmittelindustrie verdeutlicht:

"Oft versuchen Unternehmen mehr Umsatz durch mehr Produkte zu generieren. Bei uns ist das der vorherrschende Gedanke des Key Accounts und der Geschäftsführung. Die Produktmanager würden da lieber anders vorgehen und Prioritäten setzen, in dem wir unser Produktportfolio spezialisieren und eine konkrete Position am Markt einnehmen."

Die vorliegende Studie liefert wertvolle Einblicke in die Maßnahmen im Rahmen des Produktportfoliomanagements. Als explorative und beobachtende Forschungsmethode liefert die Inhaltsanalyse jedoch wesentliche deskriptive Ergebnisse (vgl. Kolbe und Burnett 1991). Insofern läge es nahe, eine Befragung als Folgestudie zur Verstärkung sowie zur Ergänzung der Ergebnisse anzuschließen (vgl. Chandy 2003, Deshpande 1983).

Die Ergebnisse dieser Studie erwecken den Eindruck, dass die Erweiterung des Produktportfolios, wenn es um strategische Entscheidungen bezüglich des Produktportfolios geht, im Zentrum der

Aufmerksamkeit von Unternehmen steht. Angesichts der Unausgewogenheit zwischen Innovationen und Eliminationen muss der Gedanke des Produktportfoliomanagements als Problem der Ressourcenallokation und der Ressourcenbalance (vgl. Cooper/Edgett/ Kleinschmidt 1999) sowie der Produktelimination als Mittel zur Freisetzung von Ressourcen (Kester et al. 2011) kritisch hinterfragt werden. Dies ergibt sich auch aus der Aussage des Produktmanagers eines Industriekonglomerats, der den Bedarf an einem ausgewogenen Produktportfoliomanagementansatz hervorhebt:

"Ich glaube Produktportfoliomanagement ist extrem wichtig, weil der Erfolg von einem Unternehmen damit steht und fällt, wie gut die Produkte zum Markt passen. Und wenn Sie sich typischerweise dann anschauen wie so ein Unternehmen strukturiert ist, da gibt es eine Entwicklungsabteilung, einen Vertrieb, Werke, Qualitätssicherung und so weiter. Die haben alle für sich Bedürfnisse und Wünsche, aber jeder für sich wird wohl kaum in der Lage sein vernünftig Portfoliomanagement zu machen, weil das übergreifend sein muss. Das muss alles irgendwo unter ein Dach gebracht werden damit am Ende etwas Sinnvolles entsteht und das geht ohne Portfoliomanagement eben nicht. Ich denke, wenn das Geschäft eine gewisse Größe erreicht, dann ist eine Instanz wichtig, die sich darum kümmert wie so ein Portfolio gestaltet wird."

Vor diesem Hintergrund erscheint es angebracht, zu untersuchen ob eine Portfoliomentalität (vgl. Kester et al. 2011) in Bezug auf das gesamte Portfolio in Unternehmen tatsächlich existiert. Dies würde implizieren, dass alle Entscheidungen im Zusammenhang mit dem Portfolio aus einem übergeordneten Blickwinkel und in Übereinstimmung mit der Unternehmensstrategie getroffen würden (vgl. Kester et al. 2011). Darüber hinaus sollten zukünftige Studien zusätzliche Faktoren berücksichtigen, die die Zusammensetzung des Produktportfolios bestimmen. Marktcharakteristika, Wettbewerbssituation und Eigenschaften des Unternehmens erfordern nähere Betrachtung. Schließlich scheint die Untersuchung der Erfolgswirkung der Handlungsweisen im Produktportfoliomanagement ein relevanter und zudem vielversprechender Anknüpfungspunkt für zukünftige Forschung (vgl. Balakrishnan/ Qui/Srinivasan 2010, Morgan/Rego 2009).

3. Der Einfluss eines aktiven Portfolioansatzes auf die Erfolgswirkung von Innovationen

3.1 Einführung

Die grundsätzliche hohe Bedeutung von Innovationen für Unternehmen ist unumstritten. Neue Produkte sind unerlässlich für Unternehmen, um im Markt bestehen zu können (vgl. Pauwels et al. 2004, Sorescu/Spanjol 2008). Im Schnitt werden fast 28% der Umsätze und Profite der Unternehmen von Produkten generiert, die jünger als fünf Jahre sind (vgl. Barczak/Griffin/Kahn 2009). Dennoch hat der Nachdruck, mit dem die Neuproduktentwicklung verfolgt wird seine Schattenseiten. Nach Kumar (2003), rühren 80% bis 90% der Profite vieler Unternehmen von weniger als 20% ihrer Produktpalette. Demzufolge wird argumentiert, dass ein einseitiger und exklusiver Fokus auf Innovationen nicht zielführend ist (vgl. Kumar 2003, Siguaw/Simpson/Enz 2006). Im Zuge von Expertengesprächen, die in einer früheren Phase dieses Forschungsprojekts durchgeführt wurden, brachte ein Produktmanager aus der Nahrungsmittelindustrie das Problem auf den Punkt:

"Oft versuchen Unternehmen mehr Umsatz durch mehr Produkte zu generieren. Bei uns ist das der vorherrschende Gedanke des Key Accounts und der Geschäftsführung. Die Produktmanager würden da lieber anders vorgehen und Prioritäten setzen, in dem wir unser Produktportfolio spezialisieren und eine konkrete Position am Markt einnehmen."

Diese Einschätzung teilt der Produktmanager mit einer Managerlegende. Denn in seiner autorisierten Biographie wird *Steve Jobs* wie folgt zitiert (Isaacson 2011, S. 336):

"Deciding what not to do is as important as deciding what to do, [...] that's true for companies und it's true for products."

Als im August 2012 *Apple Incorporated* zum wertvollsten Unternehmen aller Zeiten gekürt wird, gibt es kaum einen Medienbericht, der nicht an die unternehmerische Wende erinnert, die Steve Jobs und seiner Rückkehr zum Unternehmen im Jahr 1997 zugeschrieben wird (z.B. New York Times 2012). Mit seinem rigorosen Durchgreifen, das die Fokussierung des Produktportfolios von Apple mit Hilfe einer Vierquadrantenmatrix und vier zentralen Produktinnovationsprojekten bewirkte, konnte er das Unternehmen retten (vgl. Isaacson 2011).

Produktinnovation ist wichtig, aber dennoch kein Allheilmittel (vgl. Siguaw/Simpson/Enz 2006). Um erfolgreich zu sein, impliziert Produktinnovationsmanagement immer Hinzunahmen zum sowie Streichungen aus dem Portfolio zusammen mit der Pflege der etablierten Produkte (vgl. Srivastava/Shervani/Fahey 1999). Best-Practice-Unternehmen haben dieses Erfordernis erkannt und stellen das bestehende Produktprogramm in das Zentrum ihrer Innovationsaktivitäten. Darüber hinaus legen sie gesteigerten Wert auf formale Prozesse und ihre Prioritäten verschieben sich hin zu einem koordinierten Produktportfoliomanagementansatz (vgl. Barczak/Griffin/Kahn 2009). Diese Veränderungen im Vorgehen der Unternehmen und in der Einstellung der Entscheidungsträger wurden auch im Rahmen der Expertengespräche ersichtlich. Ein Produktmanager aus der Informationstechnologiesparte beschreibt das Problem anschaulich anhand eines Beispiels:

"Je größer, komplexer und je dynamischer der Markt letztendlich ist, desto wichtiger wird auch Produktportfoliomanagement. Weil man sich hier aus einer Einzelbetrachtung löst und aus einem Bauchgefühl, was die richtige Entscheidung ist eher hin zu einer Gesamtbetrachtung aller Aspekte, die einem die Komplexität doch letztlich aufzwingt. Also man kann es vergleichen mit einem kleineren Flughafen, da gibt es noch den Sichtflug. Da kann das Flugzeug noch landen und mit dem Tower per Sprechfunk in Kontakt bleiben. Und bei größeren Flughäfen oder größeren Unternehmen braucht man halt einen Instrumentenflug, um einfach die Themen auch institutionalisiert als Produktportfoliomanagement zu betrachten und in die Unternehmensabläufe auch zu implementieren. Also ich würde sagen, Produktportfoliomanagement ist wichtig und je größer das Unternehmen ist, desto wichtiger wird es."

Es scheint, als sei der Befund von Wind, Mahajan und Swire aus dem Jahr 1983 (S. 89) heute zutreffender denn je: "It has become imperative for companies, big or small, to plan their product offerings and assess the compatibility of the strategy of each individual product with the needs, resources and objectives of the organization."

Entsprechend liegt es nahe, ausgehend vom Innovationskontext die Idee zu etablieren, das Produktportfolio als Ganzes zu begreifen (vgl. Barki/ Pinsonneault 2005, Gerwin/Barrowman 2002) und zu untersuchen, ob und in wie fern sich dieses Prinzip in der Unternehmenspraxis manifestiert. Bevor sich diese Studie der empirischen Untersuchung der tatsächlichen unternehmerischen Handlungsweisen annimmt, wird das Konzept des aktiven Portfolioansatzes theoretisch und konzeptionell hergeleitet und etabliert. Der aktive Portfolioansatz entspricht der Umsetzung des Portfoliogedankens in einen effektiven Produktmanagementansatz. Dabei wird die Bedeutung des simultanen und vollständigen Verstehens und des andauernden Überblicks über alle voneinander abhängigen und miteinander verbundenen Elemente innerhalb des Portfolios über alle Ebenen im Unternehmen hinweg nachdrücklich hervorgehoben.

In einem ersten Schritt steht die kritische Frage, ob und in wie fern Innovationsleistung Wert generiert auf dem Prüfstand (vgl. Crossan/ Apaydin 2010). Darauf aufbauend wird hinterfragt, wie diese Wertschöpfung erreicht wird. Im Laufe der Untersuchung ist dieses "wie" der Ausgestaltung des Produktportfoliomanagements gleichzusetzen. Ziel ist es, empirisch zu prüfen, ob Innovationen erfolgreicher sind, wenn sie nicht als alleiniger Zweck unternehmerischen Handelns verstanden werden, sondern im Gefüge aller das Produktportfolio betreffender Entscheidungen und vor dem Hintergrund der Ressourcenknappheit verfolgt werden (vgl. Cooper/Edgett/Kleinschmidt 1999, Kester/Hultink/ Lauche 2009). Konkret wird die Forschungsfrage untersucht, ob und wie ein aktiver Portfolioansatz die Erfolgswirkung von Innovationen beeinflusst. Die Argumentation basiert auf früheren Forschungs-ergebnissen im Bereich der Neuproduktentwicklungs-portfolios (z.B. Chao/Kavadias/ Gaimon 2009, Cooper/Edgett/ Kleinschmidt 1999) in Verbindung mit Erkenntnissen aus der Eliminationsforschung (z.B. Argouslidis/Baltas 2007, Varadarajan/DeFanti/Busch 2006). Zusätzlich fließt der Forschungsstand zum Zusammenhang zwischen Innovation und Performance ein (z.B. Pauwels et al. 2004, Rubera/Kirca 2012, Sorescu/ Spanjol 2008). Somit trägt diese Studie gleichermaßen zum Gebiet der Produktinnovation sowie der Produktelimination bei und hebt die signifikante strategische Bedeutung des Produktportfolio-managements hervor. In diesem Sinne wird der Forderung, Produktinnovation und

Produktelimination zusammen zu betrachten, entsprochen (vgl. Saunders/Jobber 1994).

Zur Erreichung dieses Forschungsziels dient die Befragung von Managern als sogenannte Key Informants oder Schlüsselinformanten zum Vorgehen ihres Unternehmens respektive ihrer strategischen Geschäftseinheit in Bezug auf das Produktportfoliomanagement. Im Fokus stehen Art und Umsetzung von Entscheidungen im Kontext des Produktportfoliomanagements sowie die zugrundeliegenden Prinzipien. Mit der Untersuchung des unternehmerischen Produktportfoliomanagements wird ein Bereich betrachtet, der zwar in den meisten Unternehmen gängige Praxis, in der Forschung jedoch vernachlässigt ist (vgl. Tyagi/ Sawhney 2010).

Im folgenden Kapitel wird das fokale Konstrukt theoretisch und konzeptionell hergeleitet. Darauf aufbauend ergeben sich Hypothesen sowie das konzeptionelle Modell. Nach einem Einblick in die Methodik folgen die Ergebnisse der empirischen Studie, bevor abschließend die Erkenntnisse diskutiert, Implikationen und Empfehlungen für die Praxis formuliert und zukünftige Forschungsfelder aufgezeigt werden.

3.2 Theoretischer und konzeptioneller Hintergrund

Nach Jacobs und Swink (2011) soll das Produktportfolio hier als Gesamtheit der von einer Organisation angebotenen Produkte verstanden werden. Produktportfoliomanagement besteht dann aus einer Reihe an strategischen Entscheidungen in Bezug auf die Produkte im Portfolio vor dem Hintergrund der Ressourcenallokation. Ziel ist die optimale Zusammensetzung der richtigen Anzahl an Produkten, die ausgewogen ist und im Einklang mit Strategie und Prioritäten des Unternehmens steht.

Zur Erreichung dieser Zielsetzung impliziert Produktportfoliomanagement regelmäßig (1) die Hinzunahme von Produkten in das Portfolio, (2) die Elimination von Produkten aus dem Portfolio und (3) die Anpassung des bestehenden Produktportfolios (vgl. Cooper/Edgett/ Kleinschmidt 1999, Putsis/Bayus 2001, Varadarajan/DeFanti/Busch 2006, Wind/Mahajan/Swire 1983). In einem komplexen Geschäftsumfeld ist es dabei unumgänglich, Implementierung und Zeitbemessung explizit zu berücksichtigen (vgl. Gupta 1987).

Produktportfoliomanagement ist von hoher strategischer Relevanz für Unternehmen und ihren Erfolg (vgl. Green/Krieger 1985, Putsis/Bayus 2001), denn das Produktportfolio beeinflusst ihre Profitabilität entscheidend (vgl. Avlonitis 1990, Hauser/Tellis/Griffin 2006). Konkret resultiert die Profitabilität eines Unternehmens aus dem Ertrag des gesamten Produktportfolios, welcher nicht unbedingt eine lineare Funktion der Erträge der individuellen Bestandteile ist, da diese einzelnen Elemente und entsprechend die Erträge im Produktportfolio voneinander abhängen (vgl. Day 1977, Devinney/Stewart 1988, Green/ Krieger 1985). Diese Abhängigkeiten machen das Produktportfoliomanagement zu einer komplexen Herausforderung. Das effektive Management einer solchen Komplexität führt wiederum zu zusätzlichen Herausforderungen (vgl. Jacobs/Swink 2011).

Produktportfoliomanagement kann nicht erfolgreich sein, wenn es als Sequenz von isolierten Aufgaben verstanden wird. Vielmehr sollte es als Spektrum miteinander verbundener Entscheidungsprozesse verfolgt und implementiert werden (vgl. Bayus/Erickson/Jacobson 2003, Cooper/ Edgett/Kleinschmidt 1999, Kester/Hultink/Lauche 2009). Eine solche Handlungsweise folgt aus der Verinnerlichung der Idee des Produktportfolios (vgl. Jacobs/Swink 2011). Das Produktportfolio wird als vereinigtes Ganzes betrachtet (vgl. Barki/Pinsonneault 2005, Gerwin/Barrowman 2002), und eine Portfoliomentalität (vgl. Kester et al. 2011) oder eine Portfoliodenkweise (vgl. Tikkanen/Kujala/Artto 2007) sollten fest in der Unternehmenskultur verankert sein. Auf Basis eines solchen zugrundeliegenden Prinzips erfolgt das Management der unterschiedlichen Produkte im gesamten Portfolio in kalibrierter Art und Weise (vgl. Barzcak/Griffin/Kahn 2009). Ein solch abgestimmtes Verhalten soll im Folgenden als *aktiver Portfolioansatz* bezeichnet werden.

Der aktive Portfolioansatz erfordert, dass alle Entscheidungen in Bezug auf das Produktportfolio zusammen und eingebettet in ihren spezifischen Kontext Beachtung finden (vgl. Kester et al. 2011). Dabei besteht ein entscheidender Kontextfaktor in der Beschränkung der verfügbaren Ressourcen (vgl. Loch/Kavadias 2002). Theoretisch ist das Produktportfoliomanagement eng mit dem ressourcenbasierten Ansatz und einer seiner Folgetheorien, der Ressourcen-Advantage Theorie verbunden (vgl. Hunt/Morgan 1995, Wernerfelt 1984). Die Hauptaussage dieser theoretischen Basis liegt für die vorliegende Studie im ermöglichenden Charakter von Ressourcen als entscheidende Grundlage für Produkte (vgl. Hunt 1997, Hunt/Morgan 1995, Priem/ Butler 2001). Folglich ist Produktportfoliomanagement immer eine Frage der Ressourcenallokation und der Ressourcenausgewogenheit (vgl. Cooper/Edgett/ Kleinschmidt 1999). In diesem Sinne besteht die Hauptaufgabe eines aktiven Portfolioansatzes primär nicht aus Entscheidungen in Bezug auf den Inhalt des Produktportfolios, sondern vielmehr in der strategischen Allokation von Mitteln zu unterschiedlichen Produkten, um den Wert des Portfolios zu maximieren, was wiederum kontinuierliche Anpassungen des Portfolios nach sich zieht (vgl. Loch/Kavadias 2002). Dabei müssen diese Anpassungen grundsätzlich sowohl Veränderungen, die das Angebot erweitern als auch Veränderungen, die eine Portfolioreduktion implizieren umfassen (vgl. Putsis/Bayus 2001). Neben der ständigen Entwicklung neuer Produkte ist die Portfolioanpassung für den Markterfolg eines jeden Unternehmens unerlässlich. Produkteliminationen sollten fester Bestandteil des aktiven Portfolioansatzes sein, da die Eliminierung von nicht erfolgreichen Produkten ein effektives Mittel zur Freisetzung von Ressourcen und deren Umverteilung auf aussichtsreichere Produkte ist (vgl. Avlonitis 1985, Schmidt/Calantone 2002, Varadarajan/DeFanti/ Busch 2006). Wichtig ist, dass sich ein solches Vorgehen keineswegs darauf beschränkt, als Reaktion auf die Gegebenheiten zu fungieren. Vielmehr sollten Unternehmen ihre Produktportfoliostrategien aktiv gestalten und kalibrieren (vgl. Hart 1989, Sorenson 2000). Die überwiegende Konzentration auf Innovation, d.h. auf Portfolioerweiterung, wird letzten Endes an ihre Grenzen stoßen und kann nicht auf Dauer vorteilhaft für Unternehmen sein (vgl. Kumar 2003, Siguaw/ Simpson/Enz 2006).

Wenn ein Verständnis für alle Elemente innerhalb des Produktportfolios und ihrer strategischen Relevanz als Entscheidungsgrundlage herangezogen wird, ist der aktive Portfolioansatz effektiv (vgl. Kester et al. 2011). Ein solcher Entscheidungsprozess zeichnet sich durch eine verfahrensorientierte rationale Denkweise, die sogenannte Procedural Rationality aus, welche in der Literatur zur Neuproduktentwicklung (vgl. Kester/Hultink/Lauche 2009) und in Studien zur effektiven Produktelimination empfohlen wird (vgl. Argouslidis/Baltas 2007). Procedural Rationality geht davon aus, dass Information Entscheidungen ermöglicht und beabsichtigt eine optimale Entscheidung in Antizipation aktueller und zukünftiger Umstände (vgl. Dean/Sharfman 1996, 1993). Diese Information umfasst Daten zu aktuellen und Schätzwerte zu zukünftigen

Leistungskennzahlen (vgl. Wind/Claycamp 1976). Portfolioreviews gelten in diesem Zusammenhang als angemessene Informationsquellen (vgl. Avlonitis 1985, Barczak/Griffin/Kahn 2009, Cooper/Edgett/Kleinschmidt 1999).

Der aktive Portfolioansatz darf sich nicht auf einzelne Hierarchieebenen oder funktionale Einheiten innerhalb eines Unternehmens beschränken. Seine Effektivität unterliegt und resultiert von der sogenannten Pfadabhängigkeit. Pfadabhängigkeit verdeutlicht die Wichtigkeit aller vorausgegangenen Entscheidungen, Resultate und zufälligen Begebenheiten und deren formativen Einfluss auf aktuelle und zukünftige Situationen (vgl. Anderson/Joglekar 2005). Folglich ergibt sich eine jede Entscheidung im Rahmen des Produktportfolio-managements aus der Kombination von Trägheit, historischer Präzedenz, Ad-hoc-Kriterien und rationalem Entscheidungsverhalten (vgl. Ramdas 2003). Somit trägt die pfadabhängige Eigenschaft von Entscheidungen im Produktportfoliomanagement zur Komplexität dieser Aufgabe bei und untermauert weiterhin den Bedarf an einem aktiven Portfolioansatz.

Insgesamt begründen diese konzeptionellen Zusammenhänge die Definition des aktiven Portfolioansatzes als Handlungsweise, der die Verinnerlichung des Gedankens des Produktportfolios zugrundeliegt. Dieser Gedanke sollte bei allen das Produktportfolio betreffenden Entscheidungen, sei es die Hinzunahme von Produkten zum Portfolio, die Elimination von Produkten aus dem Portfolio oder die Modifikation des bestehenden Produktportfolios vor dem Hintergrund der Ressourcenallokation, präsent sein. Ziel des aktiven Portfolioansatzes ist die Schaffung eines ausgewogenen Produktportfolios in Abhängigkeit von Strategie und Prioritäten des Unternehmens. Ein aktiver Portfolioansatz erfordert ein simultanes und ganzheitliches Verständnis sowie einen lückenlosen und ständigen Überblick über alle voneinander abhängigen und miteinander verbundenen Elemente innerhalb des Produktportfolios und entsprechend kalibrierte Entscheidungen auf allen hierarchischen Ebenen innerhalb eines Unternehmens.

3.3 Hypothesenentwicklung und konzeptionelles Modell

In dieser Studie geht es um die Untersuchung der Frage ob und wie ein aktiver Portfolioansatz die Erfolgswirkung von Produktinnovationen beeinflusst. Die wissenschaftliche Literatur zur Erfolgswirkung von Innovationen lässt sich in den Worten von Sorescu und Spanjol (2008, S.114) als "wirr" bezeichnen. Die Autoren konstatieren, dass sich die Beziehungen zwischen Innovation und Performance, die in früheren Arbeiten festgestellt wurden, über das gesamte Spektrum von nicht vorhanden bis hin zu hoch signifikant und positiv erstrecken. Sie führen diese Inkonsistenzen auf Unterschiede in der Auswahl und den Zusammensetzungen der Stichproben, in den Untersuchungsebenen und in der Erfolgsmessung zurück.

Die Erfolgswirkung von Innovation kann sich in unterschiedlichen Faktoren äußern (vgl. Bayus/Erickson/Jacobson 2003). Zur gleichen Zeit ist der Unternehmenserfolg selbst ein facettenreiches Phänomen, wobei eine jede einzelne Facette wiederum zum Teil äußerst unterschiedlichen Einflüssen unterliegt (vgl. Sorescu/Spanjol 2008). Darüber hinaus können die verschiedenen Ausprägungen von Erfolg einander zuweilen zuwider laufen (vgl. Jaworski/Kohli 1993).

Crossan und Apaydin (2010) stellen zudem fest, dass Unterschiede in der Konzeptionalisierung von Innovation in den verschiedenen Studien eine Generalisierung der Ergebnisse zur Erfolgswirkung von Innovationen verhindern. Eine nähere Betrachtung aktueller Forschung in diesem Gebiet bestätigt diese Einschätzung (z.B. Rubera/Kirca 2012, Tellis/ Prabhu/Chandy 2009). Insgesamt erscheint der Versuch, die grundsätzliche Beziehung zwischen Innovation und Erfolg herzuleiten, nicht zielführend. Vielmehr erfordert ein jedes individuelles Forschungsdesign ein differenziertes Vorgehen unter expliziter Berücksichtigung von Untersuchungsmodell und Konstruktspezifikation.

Zur Konzeptionalisierung von Produktinnovation greift diese Studie auf die Leistungsperspektive zurück, die in der Marketingliteratur verbreitet ist (vgl. Rubera/Kirca 2012, Siguaw/Simpson/Enz 2006, Spanjol/Mühlmeier/Tomczak 2012). Bei der Innovationsleistung handelt es sich um Innovationen, die realisiert und auf den Markt gebracht wurden (vgl. Becker/Dietz 2004, Rubera/Kirca 2012). Sie stellen den Ausgangspunkt des Wertschöpfungsprozesses, also den Beginn der Vermarktung der Innovation dar (vgl. Roper/Du/Love 2008). Das finale Produkt steht somit im Vordergrund. Jede Steigerung des Erfolgs steht in direktem Zusammenhang mit der tatsächlichen Marktpräsenz neuer Produkte, im Gegensatz zur oft untersuchten generellen Innovationsneigung von Unternehmen (vgl. Rubera/Kirca 2012, Geroski/Machin/Van Reenen 1993).

Frühere Forschung hat sich bereits mit der Erfolgswirkung der Innovationleistung beschäftigt. Pauwels et al. (2004) belegen den grundsätzlich positiven Einfluss von Neuprodukteinführungen auf Erlöse, Gewinne und Unternehmenswert. Konkret gelingt ihnen der Nachweis, dass der Einfluss der Innovationsleistung auf Erlöse am stärksten ausgeprägt ist. Sie schreiben dieses Ergebnis der Tatsache zu, dass sich Erlöse vergleichsweise schnell einstellen. Die Gewinnwirkung unterscheidet sich von diesem Ergebnis dadurch, dass sie sich in geringerem Maße niederschlägt. Schließlich zeigt die Studie, dass der durchschnittliche kurzfristige Einfluss der Produkteinführungen auf den Unternehmenswert im Vergleich zu Erlösen und Gewinnen niedrig erscheint und dass sich der Effekt erst über die Zeit einstellt (vgl. Pauwels et al. 2004).

Eine aktuelle Meta-Analyse bestätigt diese Ergebnisse. Rubera und Kirca (2012) tragen dabei den unterschiedlichen Konzeptionalisierungen der Innovativität von Unternehmen Rechnung und unterscheiden entsprechend zwischen Innovationsbemühungen, Innovationsleistung und Innovationsneigung. Relevant im Kontext dieses Forschungsprojekts ist die enge Verbindung von Innovationsleistung mit der Marktposition, gemessen anhand von Erlöskennzahlen wie Umsatz, Umsatzwachstum oder Marktanteil, sowie mit der finanziellen Position, also einem kostenorientierten Erfolg, wie z.B. Return on Assets, Profitabilität oder Return on Investment. In Übereinstimmung mit Pauwels et al. (2004) belegt die Meta-Analyse den weniger starken Einfluss der Innovationsleistung auf den Unternehmenswert z.B. in Form der Kapitalmarktperformance, Tobins Q oder der Marktkapitalisierung (Rubera/Kirca 2012).

Die Beziehung zwischen Produktinnovationsleistung und Erfolg bildet den Ausgangspunkt der Untersuchung eines aktiven Portfolioansatzes im Rahmen dieser Arbeit. In Anbetracht der Ergebnisse früherer Forschung ergibt sich, dass Markterfolg sowie finanzieller Erfolg im Zentrum der Betrachtung stehen sollten. Diese Erfolgsdimensionen erscheinen für die Fragestellung angemessen. Darüber hinaus entspricht diese Konzeptionalisierung dem primären Ziel von Innovation, nämlich der Bereitstellung neuer oder modifizierter Produkte zur Steigerung der Erlöse und der Profitabilität des Herstellers (vgl. Hauser/Tellis/Griffin 2006). Diese Wirkung kann auf mehrere Mechanismen zurückgeführt werden. Im Allgemeinen gelten neue oder modifizierte Produkte sowohl als Hebel zur Nachfragegenerierung als auch als Auslöser von Kosteneffekten (vgl.

Lancaster 1990). So wird die Nachfrage zum Beispiel durch neue Produkte stimuliert, die mit erweiterten Funktionen und Fähigkeiten aufwarten und auch die Loyalität der Kunden bestärken. Diese neuen Produkte können auch neue Marktsegmente erschließen, die potentiell höhere Margen ermöglichen (vgl. Bayus/Erickson/Jacobson 2003). Zusätzlich gelten Innovationen als Maßnahmen zur Errichtung von Markteintrittsbarrieren (vgl. Lancaster 1990, Schmalensee 1978). Von der Kostenseite aus betrachtet, ermöglicht die Innovationsleistung zum Beispiel die Senkung der Aufwendungen für die Kundenakquise und die Kundenbindung (vgl. Bayus/Erickson/Jacobson 2003, Pauwels et al. 2004) und trägt somit zu einer Erhöhung der Effektivität der Marktbearbeitung bei. Angesichts dieser Effekte und der zuvor beschriebenen wissenschaftlichen Befunde ergibt sich folgende Hypothese:

H1:   Produktinnovationsleistung hat eine positive Erfolgswirkung.

Allzu oft vernachlässigen Unternehmen die Aufgabe des aktiven Produktportfoliomanagements und betrachten Innovationen für sich. Jedoch überrascht es nicht, dass die Einführung von Produktinnovationen nicht per se Wert schafft (vgl. Barnet/Freeman 2001, Katila 2002, Sorenson 2000). Gemeint sind an dieser Stelle nicht die vielzitierten Flopraten von Innovationen (z.B. Kuester/ Homburg/Robertson 1999), sondern vielmehr die wesentlichen Mechanismen, die die Erfolgswirkung der Innovationsleistung bestimmen. Geht es um die Faktoren, die den Erfolg von Innovations-leistung gefährden, so ist es die Ressourcenknappheit, auf die in erster Linie verwiesen wird (vgl. Pauwels et al. 2004). Im Kontext des Produktportfolios implizieren Innovationen die Erweiterung oder die Vertiefung des Angebots und somit eine Bindung von Ressourcen sowie eine Zunahme der Komplexität (vgl. Homburg/Fürst/Prigge 2010). Argouslidis (2007) diagnostiziert, dass überfüllte Portfolios Unternehmen bei der Verteilung knapper Ressourcen Kopfschmerzen bereiten und setzt sich für Eliminationsentscheidungen ein. Die Innovationsforschung kann diesbezüglich nur zustimmen und warnt vor einer Überspannung von Ressourcen, welche sich aus dem willkürlichen Verfolgen einer jeden Möglichkeit zur Innovation ergeben könnte (vgl. Kester/Hultink/Lauche 2009). Die vorherrschende "je mehr desto besser"-Devise muss grundsätzlich hinterfragt werden (Stock/Zacharias 2011, S. 871). Jedoch ergibt sich in diesem Zusammenhang das Problem, dass diese Haltung oft durch den wirtschaftlichen Markterfolg neuer Produkte bestärkt wird. Aber dieser Erfolg ist oft trügerisch. Hohe Entwicklungs- und Vermarktungskosten können einem nachhaltigen finanziellen Nutzen entgegenstehen. Ferner sehen sich Unternehmen nur allzu oft einer schnellen Nachahmung durch Wettbewerber ausgesetzt (vgl. Kuester/Homburg/Robertson 1999, Pauwels et al. 2004).

Neben der Ressourcenknappheit, erfordern die Simultanität, die gegenseitige Abhängigkeit sowie die wechselseitige Verbundenheit der Entscheidungen in Bezug auf das Produktportfolio einen aktiven Portfolioansatz. Dieser fungiert als Regulativ zur Steuerung der Komplexität innerhalb des Produktportfolios (vgl. Closs et al. 2008). Einerseits wird die Innovationsaktivität kanalisiert, andererseits kann so sichergestellt werden, dass die Zusammensetzung des Gesamtportfolios so kalibriert und positioniert ist, dass Ressourcenbeschränkungen und Markterfordernissen Rechnung getragen werden kann. Ein aktiver Portfolioansatz ermöglicht die Bestimmung sowie die Realisierung eines Produktportfolios, dass am Markt am effektivsten ist (vgl. Closs et al. 2008). Folglich trägt ein aktiver Portfolioansatz zum Erfolg der am Markt realisierten Innovationsleistung bei. Vor diesem Hintergrund wird die zweite Hypothese formuliert:

H2: *Je ausgeprägter der aktive Portfolioansatz, desto stärker die Erfolgswirkung der Innovationsleistung.*

Die beiden Hypothesen bilden den Kern des konzeptionellen Modells der Untersuchung, das in Abbildung 3-1 dargestellt ist.

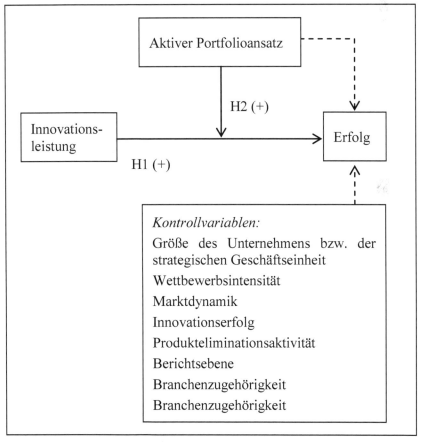

Abbildung 3-1: Konzeptionelles Modell

Es werden ein allgemeiner positiver Einfluss von *Innovationsleistung* auf *Erfolg* sowie eine verstärkende Wirkung des *aktiven Portfolioansatzes* postuliert. Darüber hinaus findet der nicht hypothetisierte direkte Effekt eines aktiven Portfolioansatzes auf den Erfolg Berücksichtigung. Zusätzlich komplementieren verschiedene Kontrollvariablen, die im Kontext von Innovation und Erfolg notwendig und sinnvoll erscheinen, das Modell. So ist die Kontrolle der Firmengröße, hier die *Größe des Unternehmens bzw. der strategischen Geschäftseinheit*, in diesem Zusammenhang obligatorisch (z.b. Chandy/Tellis 2000, Rubera/Kirca 2012, Sorescu/Chandy/Prabhu 2003). Um die potentielle Auswirkung von Industrie- und Markteffekten zu berücksichtigen, sind *Wettbewerbsintensität* (z.B. Szymanski/Kroff/Troy 2007) und *Marktdynamik* (z.B. Fang/Palmatier/Grewal 2011) Teil der Betrachtung. Desweiteren fungieren *Innovationserfolg*, *Produkteliminationsaktivität*, *Berichtsebene*, also die Unterscheidung, ob sich die Angaben der Auskunftsgeber auf das Unternehmen oder einen strategischen Geschäftsbereich beziehen, sowie *Branchenzugehörigkeit* nach dem Global Industry Classification Scheme (vgl. Bhojraj/Lee/Oler 2003) als Kontrollvariablen.

3.4 Methodik

3.4.1 Stichprobe und Daten

Zur Überprüfung der Hypothesen dient eine Managerbefragung unter Mitgliedern eines deutschen Onlinepanels, die sich an sogenannte Key Informants oder Schlüsselinformanten gerichtet hat. Da Produktportfoliomanagement und somit auch ein aktiver Portfolioansatz über Unternehmenshierarchien hinweg bestehen sollte (vgl. Chao/Kavadias/Gaimon 2009, Devinney/Stewart 1988, Wind/Mahajan/Swire 1983) war

Der Einfluss eines aktiven Portfolioansatzes 81

es im Zuge der Befragung möglich, zwei alternative Berichtsebenen zu wählen. So umfasst die Untersuchung nicht nur die Unternehmensebene, sondern auch das Level der strategischen Geschäftseinheit. Zunächst hatte der Anbieter des Panels 1.284 Manager aus der Konsumgüterbranche kontaktiert. Zur Sicherstellung der Qualifikation der Auskunftsgeber wurden jedoch nur diejenigen zur weiteren Teilnahme an der Studie zugelassen, die sowohl ihr Wissen zum Untersuchungsbereich als auch ihre Bereitschaft, zu den Handlungsweisen ihres Unternehmens Auskunft zu geben, erklärt haben (vgl. Kumar/Stern/Anderson 1993, Phillips 1981, Venkatraman/ Ramanujam 1986). Die finale Stichprobe ergab 228 komplette und aussagefähige Fragebögen, was einer effektiven Rücklaufquote von 17,8% entspricht. Die durchschnittliche Unternehmenszugehörigkeit der Auskunftsgeber beträgt 11,5 Jahre und ihre Beschäftigungszeit in der aktuellen Position 8,5 Jahre. Die Angaben der Mehrheit der Teilnehmer (64%) beziehen sich auf die Unternehmensebene. Das Sample ist in Bezug auf die Branchenzugehörigkeit innerhalb der Konsumgüterindustrie breitgefächert (z.B. 13,6 % Nahrungsmittel, 11,0 % Automobilindustrie, 10,5 % Computer & Peripherie, 10,1 % Textilien, Bekleidung & Luxusartikel, 9,6 % Software, 6,6 % Elektronische Geräte, Instrumente & Komponenten, 5,3 % Kommunikationsausrüstung, 4,8 % Möbel & Innenausstattung). Der hierarchieübergreifende Charakter des Produktportfoliomanagements und des aktiven Portfolioansatzes zeigt sich in den Positionen, die die Teilnehmer bekleiden (vgl. Anderson/Joglekar 2005, Chao/ Kavadias/Gaimon 2009). Die Stichprobe umfasst ein breites Spektrum vom Unternehmensleiter (10,1%) oder Geschäftsführer (15,3%) bis hin zum Produkt-/Projektmanager (5,7%) und Verwaltungsangestellten (2,6%). Zudem setzt sich das Sample aus Managern unterschiedlicher Funktionsbereiche wie z.B. der Geschäftsführung, dem Marketing, dem Vertrieb oder der Forschung und Entwicklung zusammen. Tabelle 3-1 und Tabelle 3-2 geben einen Überblick über die Stichprobe.

Branchenzugehörigkeit	%
Nahrungsmittel	13,6
Automobilbranche	11,0
Computer & Peripherie	10,5
Textilien, Bekleidung &Luxusartikel	10,1
Software	9,6
Elektronische Geräte, Instrumente & Komponenten	6,6
Kommunikationsausrüstung	5,3
Möbel & Innenausstattung	4,8
Pflegeprodukte	4,0
Büroelektronik	3,5
Verbraucherelektronik	3,1
Pharmazeutika	2,6
Andere	2,6
Papierprodukte	2,6
Freizeitausstattung & -artikel	2,2
Getränke	2,2
Haushaltsartikel	2,2
Haushaltswaren	2,2
Haushaltgeräte	1,3

Durchschnittliche Beschäftigungszeit der Auskunftsgeber	
im Unternehmen	11,5 Jahre
in der aktuellen Position	8,5 Jahre

Tabelle 3-1: Zusammensetzung der Stichprobe nach Branchenzugehörigkeit und durchschnittlicher Beschäftigungszeit

Mitarbeiter	Unternehmen	Strategische Geschäftseinheit
< 200	59,6	62,3
200-299	7,5	4,9
300-499	3,4	12,3
500-999	8,9	7,3
1.000-1.499	3,4	2,4
1.500-1.999	3,4	2,4
2.000-2.999	2,1	2,4
3.000-4.999	2,1	2,4
5.000-9.999	3,4	1,2
< 10.000	6,2	2,4

Position	%
Senior Manager	32,5
Geschäftsführer/ Unternehmensleiter	25,4
Produkt- / Projektmanager	5,7
Vertriebsmanager	4,8
Forschung und Entwicklung	3,1
Verwaltung	2,6
Personal	1,7
Informationstechnologie	1,3
Buchhaltung	1,3
Assistenz der Geschäftsleitung	0,9
Andere	20,7

n = 228 Manager

Tabelle 3-2: Zusammensetzung der Stichprobe nach Unternehmensgröße bzw. Größe der strategischen Geschäftseinheit und Position

3.4.2 Messung der Konstrukte

Die Messung der Konstrukte basiert auf reflektiven mehrdimensionalen Skalen (vgl. Jarvis/MacKenzie/Podsakoff 2003). Der Fragebogen wurde im Original in englischer Sprache konzipiert. Die Äquivalenz der Übersetzung für die Datenerhebung in Deutschland wurde durch die gängige Methode der Rückübersetzung sichergestellt (vgl. DeLuca/Atuahene-Gima 2007). Die Reihenfolge der Indikatoren wurde zur Vermeidung von Methodenvarianz randomisiert (Rossiter 2002). Um sozialer Erwünschtheit als Motivation hinter den Angaben der Schlüsselinformanten entgegenzuwirken, was als eine wichtige Quelle des Common Method Bias gilt (vgl. Podsakoff et al. 2003), wurden die Teilnehmer darauf hingewiesen, ihre Angaben darauf zu beziehen, wie die Dinge tatsächlich in ihrem Unternehmen oder ihrem Geschäftsbereich sind und nicht darauf wie sie sein sollten. Die Versicherung, dass es keine richtigen oder falschen Antworten gäbe und dass nicht nach bestimmten Antworten gesucht werde, verlieh diesem Hinweis Nachdruck. Darüber hinaus enthielt der Fragebogen mehrfach den Verweis auf die absolute Vertraulichkeit der angegebenen Informationen.

Ein Pretest (n = 28) zur Überprüfung der Skalenoperationalisierung und zur Aufdeckung möglicher Probleme in Anweisungen, Fragen und Indikatoren ging der eigentlichen Datenerhebung im Feld voraus. Nach Ende der Feldzeit und vor der Modellschätzung erfolgten die Untersuchung der psychometrischen Eigenschaften der Skalen und wo erforderlich die Bereinigung der Konstrukte (vgl. O'Sullivan/Abela 2007). Die endgültigen Skalen inklusive Reliabilitätskennzahlen finden sich in Anhang 3-A und 3-B.

Innovationsleistung. Die Innovationleistung wurde ausgehend von der Skala von Stock und Zacharias (2011) erhoben und mittels siebenstufiger Likert-Skalen über vier Indikatoren gemessen (z.B. " Wir bringen ständig innovative Produkte auf den Markt."). Der Kontext der Forschungsfragen erfordert keine nähere Spezifizierung der Innovationsleistung. Entsprechend wird von einem umfassenden Verständnis ausgegangen, statt einer der Unterscheidungen aus der Literatur zu folgen (vgl. Crossan/Apaydin 2010). Die Teilnehmer erhielten die Anweisung, ihre Antworten auf Innovationsleistung im Allgemeinen zu beziehen, also auf radikale sowie inkrementelle Innovationen, die auf den Markt gebracht wurden inklusive Weltneuheiten, Produkterweiterungen, Produktanpassungen und Produktmodifikationen, Weiterentwicklungen und Relaunches (vgl. Spanjol, Mühlmeier und Tomczak 2012) und auch sogenannte me-too Produkte mit einzubeziehen (vgl. Booz/Allen/Hamilton 1982).

Aktiver Portfolioansatz. Zur Messung des aktiven Portfolioansatzes wurde eine reflektive Skala in Übereinstimmung mit der konzeptionellen Herleitung und geleitet von bestehenden Skalen und Konstruktdefinitionen zusammengestellt (vgl. Homburg/Krohmer/ Workman 2004). Vier Indikatoren spiegeln den aktiven Portfolioansatz wider. Insofern drückt sich ein aktiver Portfolioansatz in (1) dem Verständnis für die Beziehungen der Produkte im Portfolio zueinander, (2) der gemeinsamen Berücksichtigung aller Produkte und deren Vergleich untereinander, (3) der regelmäßigen Überprüfung der Anzahl der Produkte im Portfolio in Abhängigkeit der verfügbaren Ressourcen und (4) dem Wissen ob der Wichtigkeit von Produkteliminationen aus. Bewährte siebenstufige Likert-Skalen sowie frühere Erkenntnisse aus verwandten

Forschungsbereichen bilden den Ausgangspunkt zur Operationalisierung des Konstrukts.

Erfolg. Bei der Untersuchung des Erfolgs auf der Ebene des strategischen Geschäftsbereichs gilt es zu beachten, dass diese Information zumeist nicht in den Bilanzen der Unternehmen zu finden ist. Finanzielle Erfolgskennzahlen sind für diese Untersuchungsebene also nicht ohne weiteres zugänglich (vgl. Homburg/Krohmer/Workman 2004). Sollten sie dennoch erhältlich sein, handelt es sich um sehr unternehmensspezifische Daten, denn jede strategische Geschäftseinheit unterliegt, unter anderem, internen Transferpreisen und Strategien der Kosten- sowie Steuerlastverteilung (vgl. Homburg/Krohmer/Workman 2004). Daraus ergibt sich die Verwendung der subjektiven, vom Auskunftsgeber selbst berichteten Erfolgseinschätzung in dieser Studie. Diese Einschätzung des Erfolgs des Unternehmens oder der strategischen Geschäftseinheit erfolgt in Relation zum Wettbewerb im Markt (z.B. Jaworski/Kohli 1993, O'Sullivan/Abela 2007). Unterschiedliche Gegebenheiten in Märkten und Branchen lassen dieses Vorgehen angemessen erscheinen. Darüber hinaus bietet es den Informanten einen Bezugsrahmen und entspricht der Praxis früherer Studien (vgl. Homburg/Artz/Wieseke 2012, Homburg/Krohmer/Workman 2004, Slater/Narver 1994). Darüber hinaus bescheinigen Chandler und Hanks (1993) dieser Art der Erfolgsmessung im Vergleich zum Wettbewerb eine hohe Relevanz, eine akzeptable Datenverfügbarkeit sowie eine sehr gute externe wie interne Validität. Die drei Items der hier verwendeten reflektiven Erfolgsskala messen Profitabilität (als Indikator des finanziellen Erfolgs), Umsatzwachstum (das den Markterfolg abbildet) und Gesamterfolg mittels siebenstufiger Likert-Skalen und in Relation zum Wettbewerb.

Kontrollvariablen. Zur Messung der Kontrollvariablen dienten bewährte Skalen. Die *Größe des Unternehmens bzw. der strategischen Geschäftseinheit* wird, wie es in der Innovationsliteratur üblich ist, anhand der Anzahl der Mitarbeiter gemessen (Chandy/Tellis 2000). Um sowohl die Größe der strategischen Geschäftseinheit als auch die Unternehmensgröße adäquat abbilden zu können, konnten die Teilnehmer auf einer zehnstufigen Skala von (1) "Weniger als 200" bis (10) "Mehr als 10.000" wählen. Die *Wettbewerbsintensität* in den jeweiligen Branchen wird in Übereinstimmung mit Homburg, Artz und Wieseke (2012) gemessen. Die Befragten wurden um ihre Zustimmung zu drei Indikatoren, wie z.B. "Es gibt viel Rivalität unter den Wettbewerbern in unserer Branche.", gebeten. Drei Indikatoren der Skala zur *Marktdynamik* von Stock und Zacharias (2011) ermitteln die Ursachen für bedeutende Marktveränderungen. Als Maßzahl des *Innovationserfolgs* wurde der Umsatzanteil von Produktinnovationen in Unternehmen oder strategischer Geschäftseinheit in den letzten drei Jahren erfragt. Die siebenstufige Likert-Skala erstreckt sich von (1) "Weniger als 1%" bis (7) "Mehr als 50%" (vgl. Chandy/Tellis 1998, Meyer-Krahmer 1984, Spanjol/Mühlmeier/ Tomczak 2012). In ähnlicher Weise wurde die durchschnittliche Zahl an Eliminationen aus dem Produktportfolio des Unternehmens bzw. der strategischen Geschäftseinheit im Laufe der letzten drei Jahre und in Relation zum Schnitt der Hauptwettbewerber zur Messung der *Produkteliminationsaktivität* erhoben (in Anlehnung an Argouslidis/Baltas 2007, Avlonitis 1985).

Die Reliabilitätskennzahlen zeigen gute Ergebnisse für alle Konstrukte und erreichen die in der Literatur geforderten Schwellenwerte. Die Indikatorreliabilitäten, d.h. die gemeinsame Varianz der beobachteten Items, welche das jeweilige Konstrukt messen, liegen mit einem

Minimum von ,788 über den geforderten ,600 (vgl. Bagozzi/Yi 1988, Fornell/Larcker 1981). Das Cronbach'sche Alpha der drei fokalen Konstrukte liegt durchgängig über ,800. Die Werte der zwei Skalen unter den Kontrollvariablen verfehlen diese Schwelle nur knapp und entsprechen somit aber ebenfalls der Vorgabe von Rossiter (2002). Folglich ist die interne Konsistenz der Konstrukte gewährleistet. Darüber hinaus ist Konvergenzvalidität durch einheitlich signifikante Faktorladungen ($p <$,001) indiziert (vgl. Bagozzi/Yi/Phillips 1991). Die durchschnittlich erfasste Varianz (DEV) übertrifft den Schwellenwert von ,500 für alle Konstrukte (vgl. Fornell/Larcker 1981). Zudem zeigt sich die Diskriminanzvalidität der Konstrukte nach Überprüfung des Fornell-Larcker Kriteriums (vgl. Fornell/Larcker 1981), welche in Anhang 3-C dargestellt ist. In Summe ist die Messäquivalenz der Konstrukte gegeben.

3.4.3 Konstruktvalidierung und Überprüfung des Common Method Bias

Grundsätzlich kann die Verlässlichkeit der Erfolgseinschätzung von Schlüsselinformanten angenommen werden (vgl. Homburg et al. 2012). Zur Überprüfung der Validität der objektiven Einschätzungen der Auskunftsgeber empfiehlt die Literatur den sogenannten Second Key Informant Ansatz, also die Befragung einer zweiten, zusätzlichen Auskunftsperson (vgl. Kumar/Stern/Anderson 1993, Phillips 1981, Venkatraman/Ramanujam 1986). Zur Rekrutierung zusätzlicher, zweiter Auskunftsgeber wurden die Teilnehmer am Ende der Befragung nach ihrer Bereitschaft, den Link zur Studie an einen Kollegen im gleichen Unternehmen bzw. in der gleichen strategischen Geschäftseinheit weiterzuleiten, gefragt. In diesem Zusammenhang wurde die Absicht der Befragung von mehreren Informanten zum gleichen Unternehmen bzw. zur gleichen strategischen Geschäftseinheit erläutert und hervorgehoben, dass dieses Vorgehen nicht von einer Möglichkeit zur Bewertung der Angaben motiviert sei. Als Anreiz zur Weiterleitung und zur Teilnahme eines geeigneten Second Key Informants wurde eine Spende von 5 € an die Stiftung Deutsche Schlaganfallhilfe für jeden gedoppelten Datensatz ausgelobt. Im Anschluss an die Haupterhebung hat der Panelanbieter einen Link zur Studie an die 107 Manager geschickt, die ihr Einverständnis und ihre Bereitschaft erklärt hatten. Dieses Vorgehen resultierte in einem Validierungssample von 52 Second Key Informants für eine Teilstichprobe von 23% der Teilnehmer. Die Übereinstimmung zwischen den beiden Auskunftsgebern in Bezug auf die Erfolgsskala ist durch eine bivariate Korrelation von $r = ,593$ ($p < ,001$) bestimmt. Dieser hochsignifikante und positive Wert indiziert einen hohen Grad an Konsistenz zwischen den Einschätzungen und entspricht einer hohen Übereinstimmung in der Wahrnehmung der beiden Schlüsselinformanten. Die Korrelationsanalyse stützt die Validität der verwendeten Erfolgsmessung.

Da sowohl die Daten zur Messung der unabhängigen als auch der abhängigen Variablen aus der gleichen Quelle stammen, sollte überprüft werden, ob der sogenannte Common Method Bias die Ergebnisse verzerrt (vgl. Podsakoff et al. 2003). Zur Quantifizierung des Common Method Bias eignen sich unterschiedliche Methoden. Zuerst wurde der Harman's Single Factor Test (vgl. Fang/Palmatier/Grewal 2011, Malhorta/Kim/Patil 2006, Podsakoff et al. 2003) durchgeführt. Auf Grundlage der unrotierten Faktorladungsmatrix über alle Variablen des Modells hinweg ergab sich kein einziger dominanter Faktor. Die exploratorische Faktorenanalyse ergab vielmehr fünf Faktoren mit Eigenwerten größer 1,0. Zusammen erklären sie 65% der Varianz, wobei der stärkste Faktor nicht den Großteil beiträgt. Daraus folgt, dass die Stärke des Common Method Bias nicht erheblich und kein Grund zur Besorgnis zu sein scheint (Podsakoff et al. 2003). Als zusätzliche Überprüfung des Common Method Bias kam die Technik der Markervariablen nach Lindell und Whitney (2001) zum Einsatz. Die *Produkteliminationsaktivität* diente dabei als Markervariable und der *Erfolg* als Bezugspunkt. Die Korrelation von ,051 zwischen diesen beiden Faktoren fungiert hier als Gradmesser der Verzerrung durch den Common Method Bias. Dieser Wert wird zur Bereinigung der Korrelationen zwischen den untersuchten Variablen verwendet, um den Effekt des Common Method Bias herauszurechnen. Da sich die Signifikanzniveaus der Korrelationen zwischen den Variablen durch diese Prozedur nicht verändern, kann gefolgert werden, dass der Common Method Bias innerhalb des Datensatzes keine entscheidende Rolle spielt (Fang/Palmatier/Grewal 2011, Lindell/Whitney 2001, Malhorta/Kim 2006).

3.5 Analyse und Ergebnisse

Zur Modellschätzung diente das Softwarepaket Mplus 6.12, welches einen kovarianzbasierten Schätzalgorithmus anwendet. Als sogenannter Full Information Approach erlaubt Mplus die simultane Schätzung aller Pfadkoeffizienten in einem einzigen Modell. Darüber hinaus ermöglicht es die Modellvalidierung durch die Überprüfung anerkannter globaler Gütemaße, welche dem Schätzverfahren direkt entnommen werden können (vgl. Homburg/Artz/Wieseke 2012, Muthén/Muthén 1998 - 2010).

Das Modell wurde wie konzeptionalisiert geschätzt, d.h. inklusive des Interaktionseffekts und der Kontrollvariablen. Die Innovationsleistung, der aktive Portfolioansatz, ihre Interaktion sowie die Kontrollvariablen (Wettbewerbsintensität, Marktdynamik, Innovationserfolg, Produkteliminationsaktivität, Unternehmensgröße bzw. Größe der strategischen Geschäftseinheit, Berichtsebene sowie Branchenzugehörigkeit) erklären 40,40% der Varianz im Erfolg (R^2 = ,404). Insgesamt zeigt das Modell zufriedenstellende Ergebnisse in den globalen Gütemaßen z.B. nach Bagozzi und Yi 1998, Homburg und Baumgartner 1998, Hu und Bentler 1999. Mit einem Wert von 1,48 ergibt sich ein hervorragendes Verhältnis zwischen Chi-Quadrat-Wert und Freiheitsgraden (χ^2/ df). Root Mean Square Error of Approximation (RMSEA = ,046) und Standardized Root Mean Square Residual (SRMR = ,061) entsprechen ihren Grenzwerten. Der Comparative Fit Index (CFI = ,877) liegt leicht unter dem Zielwert. Insgesamt kann die globale Anpassungsgüte des geschätzten Modells als gegeben erachtet werden.

Die Ergebnisse zum hypothetisierten Haupteffekt zeigen, dass Innovationsleistung tatsächlich eine signifikant positive Erfolgswirkung hat (β = ,337, t = 3,206, p < ,01). *H1* ist somit empirisch bestätigt. Zur Analyse des potentiellen Moderationseffekts dient das Verfahren zur Modellierung der latenten Interaktion nach Marsh, Wen und Hau (2004). Nach diesem Ansatz wird eine neue latente Interaktionsvariable zusätzlich zu den an der Interaktion beteiligten Konstrukten ins Modell integriert. Die neuen Indikatoren ergeben sich als das Produkt der zentrierten Indikatoren der beteiligten Konstrukte.

Es zeigt sich ein signifikanter moderierender Einfluss des aktiven Portfolioansatzes auf die Erfolgswirkung von Innovationen mit einer Interaktionseffektstärke von ,094 (vgl. Carte/Russell 2003, Marsh/Wen/

Hau 2004, Mooijaart/Satorra 2009). Somit liegt der Beitrag des Interaktionseffekts zur Varianz im Erfolg leicht über dem gängigen Wert in moderierten Regressionen (vgl. Marsh/Wen/Hau 2004). Darüber hinaus ist der moderierende Einfluss hoch signifikant und positiv (β = ,339, t = 4,716, p < ,001). Je ausgeprägter der aktive Portfolioansatz in einem Unternehmen oder einer strategischen Geschäftseinheit ist, desto stärker ist die Erfolgswirkung ihrer Innovationsleistung. Somit bestätigen die empirischen Ergebnisse auch die zweite Hypothese *H2*.

Neben den Haupteffekten stand auch der direkte Effekt eines aktiven Portfolioansatzes auf den Erfolg des Unternehmens bzw. der strategischen Geschäftseinheit auf dem Prüfstand. Als allgemeine unternehmerische Handlungsweise bildet der aktive Portfolioansatz die Grundlage für Verhalten und Entscheidungen. Entsprechend ist sein Einfluss nicht auf die Innovationsleistung beschränkt, sondern sollte sich direkt im Gesamterfolg niederschlagen. Die Ergebnisse dieser Untersuchung bestätigen diese Vermutung und belegen einen signifikant positiven Einfluss (β = ,212, t = 2,006, p < ,05). Die Effekte der Kontrollvariablen entsprechen den Erwartungen. Wettbewerbsintensität, Marktdynamik, Innovationserfolg, Produkteliminationsaktivität, Berichtsebene sowie Branchenzugehörigkeit tragen nicht signifikant zur Erklärung der Varianz im Erfolg bei. Im Übrigen induzieren die Ergebnisse einen signifikant positiven Erfolgsbeitrag der Unternehmensgröße bzw. der Größe der strategischen Geschäftseinheit (β = ,127, t = 2,009, p < ,05). Dieser Effekt entspricht den "opportunities of large firms" (Chandy/Tellis 2000, S.4). Folglich kann diese Erfolgswirkung z.B. den ausgeprägteren finanziellen wie technischen Fähigkeiten von großen Unternehmen, ihrer größeren Ressourcenausstattung, einem besseren Zugang zu Kapital oder Größenvorteilen zugeschrieben werden (vgl. Chandy/Tellis 2000, Rubera/Kirca 2012). Demnach kann auch der Zugewinn an erklärter Varianz von ,072 durch die Hinzunahme der Kontrollvariablen zum Basismodell dem Größeneffekt zugeschrieben werden, ungeachtet der Tatsache, dass die Modellveränderung nicht signifikant ist ($F_{change}(27, 220) = 1,107, p > ,1$). Tabelle 3-2 fasst die Ergebnisse zusammen.

Pfad	Standardisierte Werte (t-Wert)
Innovationsleistung → Erfolg	,337** (3,206)
Innovationsleistung x Aktiver Portfolioansatz→ Erfolg	,339*** (4,716)
Aktiver Portfolioansatz → Erfolg	,212* (2,006)
Größe des Unternehmens bzw. der strategischen Geschäftseinheit → Erfolg	,127* (2,009)
Wettbewerbsintensität → Erfolg	,093 ns (,829)
Marktdynamik → Erfolg	-,081 ns (-,657)
Innovationserfolg→ Erfolg	-,028 ns (-,387)
Produkteliminationsaktivität → Erfolg	,018 ns (,287)

Zweiseitiger Test.
*** $p < ,001$, ** $p < ,01$, * $p < ,05$, ns = nicht signifikant

Tabelle 3-3: **Ergebnisse: Effektstärken**

Der Einfluss eines aktiven Portfolioansatzes 95

Da der Interaktionseffekt im Zentrum der Betrachtung im Rahmen dieser Studie steht, komplettiert eine zusätzliche Regressionsanalyse zur Validierung und zur Veranschaulichung der Ergebnisse die empirische Analyse (Aiken/West1991, Cohen et al. 2003, Homburg/Artz/Wieseke 2012, Kumar/Heide/Wathne 2011). Nach der Zentrierung der Skalen um ihren Mittelwert, erfolgt die Ermittlung der partiellen Ableitung, und somit der Steigung der Regressionsgeraden zwischen *Erfolg* und *Innovationsleistung* (∂Erfolg/∂Innovationsleistung) für drei unterschiedliche Ausprägungen des *aktiven Portfolioansatzes*. Zusätzlich zum Mittelwert, wird die Signifikanz der Steigung an den beiden Stellen, die sich jeweils eine Standardabweichung vom Mittelwert des aktiven Portfolioansatzes entfernt befinden, d.h. eine Standardabweichung oberhalb (+1σ) sowie eine Standardabweichung unterhalb (-1σ) des Mittelwerts liegen, überprüft.

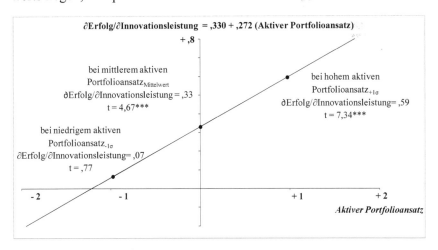

Abbildung 3-2: Steigung der Regressionsgeraden der Erfolgswirkung von Innovationen für unterschiedliche Ausprägungen des aktiven Portfolioansatzes

Wie in Abbildung 3-2 dargestellt hat die Innovationsleistung eine positive Erfolgswirkung über die verschiedenen Ausprägungen des aktiven Portfolioansatzes hinweg. Die Steigung der Regressionsgerade nimmt mit einer Verstärkung des aktiven Portfolioansatzes zu. Bei einem niedrigen Wert des aktiven Portfolioansatzes ist die Erfolgswirkung der Innovationsleistung am wenigsten ausgeprägt und nicht signifikant, wenn auch positiv (∂Erfolg/∂Innovationsleistung = ,07, p > ,1). Auf dem mittleren Level des Moderators fällt der Effekt schon hoch signifikant aus (∂Erfolg/∂Innovationsleistung = ,33, p < ,001). Ist der aktive Portfolioansatz stark ausgeprägt, so findet sich auch der intensivste Einfluss (∂Erfolg/∂Innovationsleistung = ,59, p < ,001).

3.6 Diskussion und Implikationen

Das kontinuierliche Streben nach Innovation unter Vernachlässigung der Abhängigkeiten innerhalb des Portfolios stößt auf lange Sicht an seine Grenzen (Kumar 2003, Siguaw/Simpson/Enz 2006). Deshalb war es das Ziel dieser Studie, empirisch zu untersuchen, ob Innovationen erfolgreicher sind, wenn sie nicht isoliert verfolgt werden, sondern als Bestandteil einer Kette an Entscheidungen verstanden werden (Bayus/ Erickson/Jacobson 2003, Srivastava/Shervani/Fahey 1999).

Mithilfe der Daten von 52 deutschen Managern und 52 Second Key Informants gelingt dieser Studie der empirische Nachweis der tatsächlichen Erfolgswirkung von Innovationen. Diese Erfolgswirkung kann dadurch verstärkt werden, dass sie in einem Umfeld realisiert wird, in dem das Produktmanagement als Produktportfoliomanagement verstanden wird und in dem das Produktportfoliomanagement aktiv und in kalibrierter Form betrieben wird. Folglich wird der strategischen Bedeutung des Produktportfoliomanagements für Unternehmen, strategische Geschäftseinheiten und deren Erfolg Nachdruck verliehen. Diese Bedeutung beschränkt sich jedoch nicht auf den Innovationskontext. Als allgemeine unternehmerische Handlungsweise bildet der aktive Portfolioansatz die Grundlage für unternehmerisches Handeln und Entscheidungen und spiegelt sich als solche im Gesamterfolg wider. Die im Rahmen dieser Studie durchgeführte Moderationsanalyse zeigt ferner, dass je ausgeprägter der aktive Portfolioansatz, desto mehr kann die Erfolgswirkung der Innovationsleistung verstärkt werden.

Das Verständnis für und die Übersicht über alle Bestandteile des Portfolios, ihrer strategischen Relevanz und ihrer Ressourcenimplikationen machen einen aktiven Portfolioansatz effektiv. Die Ergebnisse der Untersuchung zeigen, dass ein aktiver Portfolioansatz als Regulativ zur Steuerung der Komplexität innerhalb des Produktportfolios fungiert und somit nicht nur zur Erfolgswirkung von Innovationen, sondern zum Gesamterfolg des Unternehmens bzw. des strategischen Geschäftsbereichs beiträgt. Somit wird die Einschätzung der letzten Best-Practice-Studie der Product Development & Management Association mit empirischen Fakten belegt (Barczak/ Griffin/Kahn 2009). In Bezug auf das Portfoliomanagement zeigen Barczak, Griffin und Kahn (2009), dass die meisten Unternehmen ihre Neuproduktentwicklungsaktivitäten mit einer spezifischen Neuproduktstrategie steuern. Darüber hinaus verzeichnet die Studie wohldefinierte und strukturierte Produktportfoliomanagementprozesse. Die Evaluation des Portfolios erscheint als gängiges Instrument. Schließlich ist eine Verschiebung der unternehmerischen Prioritäten indiziert, die das bestehende Produktprogramm in das Zentrum der Innovationsaktivitäten rückt. Die vorliegende Studie erweitert das Verständnis der vorherrschenden unternehmerischen Produktportfoliomanagementpraxis und erbringt den empirischen Nachweis für die Erfolgswirkung eines aktiven Portfolioansatzes. Darüber hinaus legt diese Arbeit den Grundstein für zukünftige Forschung mit der Bereitstellung einer präzisen Skala zur Bestimmung der Vorgehensweise im Produktportfoliomanagement.

Zudem lassen sich einige wichtige Implikationen und Empfehlungen für die Praxis ableiten. Die dargestellten Ergebnisse untermauern, dass sich Unternehmen und strategische Geschäftseinheiten der Simultanität, der gegenseitigen Abhängigkeit sowie der wechselseitigen Verbundenheit aller Produkte in ihrem Portfolio bewusst sein sollten und dass sie entsprechend eine wohldurchdachte Produktportfoliostrategie verfolgen sollten. Demnach sollten Entscheidungsträger regelmäßig hinterfragen, ob ihr Produktportfolio die richtige Anzahl an Produkten in Anbetracht der verfügbaren Ressourcen enthält und Portfolioreviews als hilfreiche Instrumente für dieses Unterfangen in Erwägung ziehen. Schließlich sollten Manager die Wichtigkeit von Produkteliminationen nicht weiter unterschätzen.

Die möglichen Erscheinungsformen eines aktiven Portfolioansatzes gehen über die Faktoren, die im Rahmen der Skala Beachtung fanden hinaus. Im Laufe der konzeptionellen Entwicklung des Konstrukts und während des Literaturreviews zeigten sich zusätzliche Indikatoren, in denen sich ein aktiver Portfolioansatz widerspiegelt. Nach dem Konzept der verfahrensorientierten rationalen Denkweise, d.h. der Procedural Rationality (vgl. Dean/Sharfman 1996), sollte sich ein aktiver Portfolioansatz auch in Art und Ausmaß der Sammlung und Verarbeitung entscheidungsrelevanter Information in einer Organisation niederschlagen. Ein weiterer Hinweis auf einen aktiven Portfolioansatz findet sich im Nachdruck, mit dem die Ausgewogenheit des Portfolios und dessen Äquivalenz mit der Unternehmensstrategie, also die höchsten Zielen des

Der Einfluss eines aktiven Portfolioansatzes

Produktportfoliomanagements (Cooper/Edgett/Kleinschmidt 1999, Day 1977, Kester/Griffin/Hultink 2011, McNally et al. 2009, Tikkanen/ Kujala/Artto 2007), verfolgt werden. Dies betrifft zu einem Großteil die Ressourcenallokation innerhalb des Portfolios sowie das Herunterbrechen der strategischen Ziele. Zudem zeigt sich, dass die Institutionalisierung des Produktportfoliomanagements in Form einer kompetenten Stelle, die das Produktportfolio als Ganzes im Blick hat, z.B. durch die Bestellung eines Produktportfoliomanagers, in der Unternehmenspraxis nicht unüblich ist. Insgesamt ist Unternehmen und strategischen Geschäftsbereichen ein möglichst aktiver Portfolioansatz als Mittel zur Steigerung des Erfolgs nur zu empfehlen.

Das vorgestellte Forschungsmodell lässt Raum für Erweiterungen. Nachdem die grundsätzliche Relevanz des aktiven Portfolioansatzes etabliert werden konnte, sind weitere Forschungsfragen denkbar. So wäre es, zum Beispiel, sinnvoll die Rolle der Zusammensetzung des Produktportfolios zu untersuchen. Die Vermutung, dass ein aktiver Portfolioansatz im Zuge einer steigenden Portfoliogröße und Portfolio-komplexität an Bedeutung gewinnt (Jacobs/Swink 2011), erscheint logisch. Einer zukünftigen empirischen Untersuchung steht jedoch bisher das Problem der Messung und Quantifizierung der Größe des Produktportfolios entgegen (Bordley 2003).

Ein weiterer Ansatz für zukünftige Forschung ist in der weiteren und näheren Untersuchung der Erfolgswirkung eines aktiven Portfolioansatzes zu finden. Ausgehend vom Grundprinzip der Portfoliotheorie, nämlich des Portfoliomanagements als Mittel zur Diversifizierung von Renditen und Risiken (Cardozo/Smith 1983, Jacobs/Swink 2011), kann hypothetisiert werden, dass ein aktiver Portfolioansatz und seine Realisation in Produktinnovation, Produktelimination und in der

Produktpflege zur Steuerung der Volatilität des Erfolgs beitragen (Srivastava/Shervani/Fahey 1997, Srivastava/Shervani/Fahey 1999).

Die Wissenschaft tendiert dazu, die unterschiedlichen Bereiche des Produktportfoliomanagement voneinander losgelöst zu betrachten (Saunders/Jobber 1994). Somit vernachlässigt sie das tatsächliche Ausmaß einer jeden individuellen Entscheidung und der ihr zugrundeliegenden komplexen und dynamischen gegenseitigen Abhängigkeiten. Diese Studie trägt zum Forschungsfeld des Produktportfoliomanagements bei, indem sie das Produktportfoliomanagement als ganzheitliche Managementaufgabe versteht.

3.7 Anhang

Anhang 3-A: Reliabilität der Messung und der Indikatoren der fokalen Konstrukte

Aktiver Portfolioansatz	DEV	Indikator-reliabilität	α
(in Anlehnung an Argouslidis/Baltas 2007, Cooper/Edgett/Kleinschmidt 1999, Kester/Griffin/ Hultink 2011)	,514	,809	,808

Im Rahmen des Produktportfoliomanagements...	Faktor-ladung	ITTC
... verstehen wir wie jedes Produkt mit den anderen Produkten im Portfolio zusammenhängt wenn wir Entscheidungen treffen.	,720	,623
... betrachten wir grundsätzlich alle unsere Produkte zusammen und vergleichen sie miteinander.	,677	,602
... überprüfen wir regelmäßig, ob unser Produktportfolio die richtige Anzahl an Produkten in Abhängigkeit von unseren verfügbaren Ressourcen enthält.	,718	,623
... sehen wir Entscheidungen zur Produktelimination als ebenso wichtig an, wie Entscheidungen über Produktlinienerweiterungen.	,751	,651

Die Items wurden auf siebenstufigen Likert-Skalen gemessen. 7 entspricht "Ich stimme voll und ganz zu."

DEV = durchschnittlich erfasste Varianz; ITTC = Item to Total Correlation

Innovationsleistung	DEV	Indikator-reliabilität	α
(in Anlehnung an Stock/Zacharias 2011)	,676	,892	,884

	Faktorladung	ITTC
In den letzten drei Jahren haben wir mehr Produktinnovationen eingeführt als unsere drei stärksten Wettbewerber.	,744	,679
Wir bringen ständig innovative Produkte auf den Markt.	,830	,768
Wir ergänzen unser Produktangebot regelmäßig oder fügen innovative Produkte hinzu.	,791	,713
Wir führen viele innovative Produkte in den Markt ein.	,914	,850

Die Items wurden auf siebenstufigen Likert-Skalen gemessen. 7 entspricht "Ich stimme voll und ganz zu."

Performance	DEV	Indikator-reliabilität	α
(im Einklang mit etablierten Skalen wie z.B. O'Sullivan/Abela 200, Panayides 2007)	,670	,859	,855

Gemessen anhand der folgenden Indikatoren: Wie hat Ihr Unternehmen / Geschäftsbereich im Laufe der letzten drei Jahre im Vergleich zum Wettbewerb im Markt abgeschnitten?	Faktorladung	ITTC
Profitabilität	,780	,701
Umsatzwachstum	,817	,723
Allgemeine Performance	,856	,766

Die Items wurden auf siebenstufigen Likert-Skalen gemessen. 7 entspricht "Eindeutig besser."

Anhang 3-B: Reliabilität der Messung und der Indikatoren der Kontrollvariablen

Competitive Intensity	DEV	Indikator-reliabilität	α
(Homburg/Artz/Wieseke 2012)	,574	,800	,790

	Faktorladung	ITTC
Der Wettbewerb in unserer Industrie ist extrem aggressiv.	,740	,644
Es gibt viel Rivalität unter den Wettbewerbern in unserer Branche.	,850	,704
Unsere Wettbewerber sind relativ stark.	,673	,563

Marktdynamik	DEV	Indikator-reliabilität	α
(Stock/Zacharias 2011)	,554	,788	,786

Wesentliche Veränderungen in unserem Markt entstehen häufig durch ...	Faktorladung	ITTC
... Produkte, die von unseren Wettbewerbern angeboten werden.	,769	,654
... Marktentwicklungsstrategien unserer Wettbewerber.	,761	,623
... Präferenzen der Kunden für Produkteigenschaften.	,702	,607

Die Items wurden jeweils auf siebenstufigen Likert-Skalen gemessen. 7 entspricht "Ich stimme voll und ganz zu."

Anhang 3-C: **Fornell-Larcker Kriterium: Überprüfung der Diskriminanzvalidität**

	Aktiver Portfolioansatz	Innovationsleistung	Erfolg	Wettbewerbsintensität	Marktdynamik
Aktiver Portfolioansatz	,514				
Innovationsleistung	,401	,676			
Erfolg	,125	,214	,670		
Wettbewerbsintensität	,121	,095	,038	,574	
Marktdynamik	,169	,214	,071	,452	,554

Die Angaben auf der Diagonalen zeigen die durchschnittliche erfasste Varianz des jeweiligen Konstrukts. Die übrigen Werte sind die quadrierten Korrelationen zwischen den Konstrukten.

4. Abschließende Betrachtung

4.1 Zusammenfassung der Kernergebnisse

Die Wichtigkeit von Produkten steht außer Frage. Das heutige Wettbewerbsumfeld ist geprägt von einer ungebrochenen Innovationskraft und einer stetig wachsenden Produktvielfalt. Es scheint, als könne sich kein Konsumgüterhersteller dieser Dynamik entziehen. Dementsprechend ist das gewissenhafte Management des Produktprogramms zur Notwendigkeit geworden.

Dieses Dissertationsprojekt etabliert ein grundlegendes Verständnis der tatsächlichen Maßnahmen, Prozesse und Phänomene im Marketing, die mit dem Produktportfoliomanagement, wie es in der Unternehmenspraxis zu beobachten ist, in Verbindung stehen. Darüber hinaus liefert es einen konkreten empirischen Befund für eine spezifische Forschungsfrage im Kontext des Produktportfoliomanagements von Konsumgüterherstellern. Insgesamt findet sowohl ein induktiver als auch ein deduktiver Forschungsansatz Anwendung, was einem Beitrag zum Forschungsbereich im positiven wie im normativen Sinne gleichkommt.

Studie 1 untersuchte die unternehmerische Praxis des Produktportfoliomanagements belegt anhand der Bezugnahme auf dieses Vorgehen in den Geschäftsberichten. Die Ergebnisse beruhen auf einer soliden Datenbasis. Die Inhaltsanalyse umfasste 1.060 Geschäftsberichte einer großen industrieübergreifenden Stichprobe von 265 Konsumgüterherstellern über die vierjährige Spanne 2007 bis 2010. Es zeigt sich, dass die Veränderung des Produktportfolios elementarer Bestandteil der aktuellen Geschäftspraxis ist, auch wenn die Aufmerksamkeit, die dem Produktportfolio zuteil wird, im Branchenvergleich nicht einheitlich ausgeprägt ist. Darüber hinaus ist ein Verhaltensmuster in den Daten zu erkennen, dass ein gängiges Vorgehen in Bezug auf die Berichterstattung der Unternehmen in der Stichprobe nahe legt. Die Daten zeigen, dass im Zuge des Produktportfoliomanagements die Hinzunahme von (neuen) Produkten zum Portfolio das vorherrschende Anliegen der Unternehmen ist, während die Produktelimination weitestgehend unberücksichtigt bleibt. Die gezielte Analyse der unterschiedlichen Branchen legt Einigkeit in Bezug auf die Vernachlässigung der Eliminationsentscheidungen in Geschäftsberichten nahe.

In der explorativen Phase dieses Dissertationsprojekts hat sich der Eindruck einer Unausgewogenheit zwischen Innovationen und Eliminationen erhärtet. Folglich ergab sich die Frage, ob der Gedanke des Produktportfoliomanagments als Problem der Ressourcenallokation und Ressourcenbalance (vgl. Cooper/Edgett/Kleinschmidt 1999) und der Produktelimination als Mittel zur Freisetzung von Ressourcen (vgl. Kester et al. 2011) Bestand hat. Darüber hinaus ergibt sich Grund zur Annahme, dass das unendliche Streben nach Innovation unter Vernachlässigung der Interdependenzen innerhalb des Produktportfolios über kurz oder lang an seine Grenzen stößt (vgl. Kumar 2003, Siguaw/Simpson/Enz 2006). Deshalb war es das Ziel der zweiten Studie, empirisch zu untersuchen, ob Innovationen erfolgreicher sind, wenn sie nicht isoliert verfolgt, sondern als Bestandteil einer Kette an Entscheidungen verstanden werden (vgl. Bayus/Erickson/Jacobson 2003, Srivastava/Shervani/Fahey 1999).

Anhand der Angaben von 228 deutschen Managern und 52 zusätzlichen Auskunftspersonen konnte Studie 2 zeigen, dass Innovationen tatsächliche eine starke Erfolgswirkung haben. Diese Wirkung wird verstärkt, wenn die Innovationsleistung in einem Umfeld erbracht wird, in dem Produktmanagement als Produktportfoliomanagement verstanden und

Abschließende Betrachtung

aktiv sowie kohärent betrieben wird. Im Rahmen der Studie wurde das Konzept des aktiven Portfolioansatzes entwickelt. Dieser geht vom Grundsatz aus, das Produktportfolio in seiner Gesamtheit zu betrachten und sollte bei allen das Produktportfolio betreffenden Entscheidungen, sei es die Hinzunahme von Produkten zum Portfolio, die Elimination von Produkten aus dem Portfolio oder die Modifikation des bestehenden Produktportfolios vor dem Hintergrund der Ressourcenallokation, präsent sein. Ziel des aktiven Portfolioansatzes ist die Schaffung eines ausgewogenen Produktportfolios in Abhängigkeit von Strategie und Prioritäten des Unternehmens. Ein aktiver Portfolioansatz erfordert ein simultanes und ganzheitliches Verständnis sowie einen lückenlosen und ständigen Überblick über alle voneinander abhängigen und miteinander verbundenen Elemente innerhalb des Produktportfolios und entsprechend kalibrierte Entscheidungen auf allen hierarchischen Ebenen innerhalb eines Unternehmens.

Demzufolge wird die strategische Bedeutung des Produktportfoliomanagements für Konsumgüterhersteller und ihre strategischen Geschäftseinheiten – unabhängig von ihrer spezifischen Branchenzugehörigkeit – und deren Erfolg empirisch untermauert. Diese Wichtigkeit ist dabei nicht auf den Kontext der Innovation beschränkt. Als Portfolioansatz, d.h. als allgemeine unternehmerische Handlungsweise, bildet der aktive Portfolioansatz die Grundlage für das Verhalten sowie die Entscheidungen von Unternehmen. Als solches spiegelt sich ein aktiver Portfolioansatz zudem direkt im Erfolg eines Unternehmens wider. Ferner zeigt die Moderationsanalyse, dass ein aktiver Portfolioansatz an Bedeutung gewinnt. Je stärker ausgeprägt der aktive Portfolioansatz, desto mehr kann die Erfolgswirkung der Innovations-leistung verstärkt werden. Insgesamt liefert Studie 2 relevante Implikationen für die unternehmerische Praxis im Produktportfolio-management. Darüber hinaus können konkrete Empfehlungen für das Management abgeleitet werden.

4.2 Allgemeine Anregungen für zukünftige Forschung

Obwohl das Produktmanagement von je her fester Bestandteil sowohl der Marketingforschung als auch der Unternehmenspraxis ist, bietet der Bereich immer noch Forschungspotential.

Die erste explorative Studie im Rahmen dieses Forschungsprojekts untersuchte systematisch und wissenschaftlich die Maßnahmen, die die Größe von Produktportfolios determinieren. Sie gibt einen umfassenden Überblick über das Verhalten von Unternehmen in der wirtschaftlichen Praxis. Gleichwohl liefert die Inhaltsanalyse als explorative und beobachtende Forschungsmethode wesentliche deskriptive Ergebnisse (Kolbe und Burnett 1991). Insofern läge es nahe, eine Befragung als Folgestudie zur Verstärkung sowie zur Ergänzung der Ergebnisse und zur Weiterverfolgung der aktuellsten Produktportfoliomanagementpraxis anzuschließen (Chandy 2003, Deshpande 1983).

Studie 2 hat die grundsätzliche Relevanz eines aktiven Portfolioansatzes etabliert und bietet eine angemessene und verlässliche Skala zur Messung eines entsprechenden Konstrukts. Zukünftige Forschung sollte auf den Ergebnissen aufbauen und sich komplexeren Forschungsfragen annehmen. Denkbar wäre, zum Beispiel, die Untersuchung der Rolle der Produktportfoliozusammensetzung. Es gibt Grund zur Annahme, dass ein aktiver Portfolioansatz mit steigender Portfoliogröße und -komplexität an Bedeutung gewinnt (vgl. Jacobs/Swink 2011). Allerdings müssten zukünftige Studien für dieses Unterfangen zuerst das bestehende Problem der adäquaten Messung und Quantifizierung der

Portfoliogröße lösen (vgl. Bordley 2003). Ein zusätzlicher vielversprechender Ansatz könnte sich aus einer tiefergehenden Betrachtung der Erfolgswirkung des aktiven Portfolioansatzes ergeben. Ausgehend von den grundlegenden Prinzipien der Portfoliotheorie lässt sich hypothetisieren, dass ein aktiver Portfolioansatz und seine Umsetzung in Produktinnovation, Produktelimination und Produktpflege dabei helfen, die Volatilität der Unternehmensperformance zu steuern (vgl. Srivastava/ Shervani/Fahey 1997, Srivastava/Shervani/Fahey 1999).

Von seiner grundsätzlichen Ausrichtung her ist dieses Dissertationsprojekt im Konsumgütersektor angesiedelt. Die separate Analyse von Produkten und Dienstleistungen ist begründet und gängige Praxis. Nichts desto trotz kann davon ausgegangen werden, dass Fragen in Bezug auf das effektive Portfoliomanagement für Dienstleistungsunternehmen mit multiplen Angeboten als ebenso wichtig einzustufen sind. Zudem ist anzunehmen, dass Unternehmen, die ein Serviceprogramm managen, gleichgelagerten Herausforderungen und kontextualen Beschränkungen gegenüberstehen (vgl. Argouslidis 2007, Hauser/Tellis/Griffin 2006, Parasuraman/Varadarajan 1988). Die Frage, ob sich die spezifischen Charakteristika von Dienstleistungen in der Anwendung der zugrundeliegenden Portfoliologik oder in Handlungsweisen von Unternehmen niederschlagen, bleibt zukünftiger Forschung überlassen.

In der Konzeption dieses Forschungsprojekts ergab sich zudem die Notwendigkeit, im Zuge der Untersuchung des Produktportfoliomanagements zwischen Konsumgütern und Industriegütern zu unterscheiden. Produktportfoliomanagement im business-to-business Kontext erscheint ein noch dynamischeres wie komplexeres Unterfangen und zusätzlichen spezifischen Regeln zu folgen. Dies liegt in der Hauptsache im engeren Verhältnis zwischen Unternehmen und Kunden begründet, da dieses im Falle von Industriegüterherstellern zumeist als individualisiert und direkt zu beschreiben ist und sich Berührungspunkte im wirtschaftlichen, technischen sowie persönlichen Bereich ergeben (vgl. Homburg/Fürst/Prigge 2010, Webster 1978). Folglich soll zukünftige Forschung dazu ermutigt werden, die Ergebnisse dieses Projektes um Erkenntnisse aus dem business-to-business Kontext zu ergänzen.

Darüber hinaus kann die ganzheitliche Untersuchung des Produktportfoliomanagements im Gegensatz zur separaten Betrachtung von Innovation, Elimination und Modifikation mit Nachdruck bestärkt werden.

4.3 Allgemeine Praxisimplikationen

Die unternehmerische Praxis des Produktportfoliomanagements ist nach wie vor von einer Unausgewogenheit zwischen Produktinnovation und Produktelimination geprägt. Auch wenn Innovationen tatsächlich eine ausgeprägte Erfolgswirkung haben, so zeigen die Ergebnisse dieser Arbeit, dass Entscheidungsträger die Bedeutung von Produkteliminationen als gangbare Maßnahme im Produktportfoliomanagement in Erwägung ziehen sollten. Manager müssen beachten, dass Ressourcen die effiziente und/oder effektive Produktion eines Angebots, das für einen Markt oder ein Marktsegment von Wert ist, überhaupt erst ermöglichen. Dementsprechend ist Produktportfoliomanagement immer dem Problem der Ressourcenallokation und der Ressourcenausgewogenheit gleichzusetzen. In diesem Sinne besteht die Hauptaufgabe des Produktportfoliomanagements in der strategische Allokation von Mitteln zu den unterschiedlichen Produkten, um den Wert des Portfolios zu maximieren, was wiederum eine kontinuierliche Anpassung des Portfolios impliziert.

Abschließende Betrachtung 111

Diese Anpassung muss Veränderungen umfassen, die das Angebot sowohl ausweiten als auch einschränken. Neben der ständigen Entwicklung immer neuer Produkte ist die Anpassung des Portfolios unerlässlich für den Markterfolg eines Unternehmens. Produkteliminationen sollten also fester Bestandteil des aktiven Portfolioansatzes sein, denn die Elimination von nicht erfolgreichen Produkten ist ein Mittel zur Freisetzung von Ressourcen, um sie aussichtsreicheren Produkten zuzuführen. Wichtig ist, dass sich dieses Mittel nicht darauf beschränkt, eine reaktive Notwendigkeit zu sein. Unternehmen sollten ihr Produktportfolio aktiv kalibrieren und sich dabei nicht von kurzfristigem Markterfolg täuschen lassen. Die überwiegende Konzentration auf Innovation, d.h. auf Portfolioerweiterung, wird letzten Endes an ihre Grenzen stoßen und kann nicht auf Dauer vorteilhaft für Unternehmen sein.

Idealerweise verfolgen Unternehmen einen aktiven Portfolioansatz. Demnach betreiben sie Produktmanagement als Produktportfoliomanagement und in einer kalibrierten Art und Weise. Wie die Ergebnisse dieser Arbeit zeigen, ist Produktportfoliomanagement erfolgreicher, wenn es nicht als Sequenz an eigenständigen und isolierten Aufgaben aufgefasst, sondern als Reihe miteinander verbundener Entscheidungsprozesse verstanden und implementiert wird.

Ein aktiver Portfolioansatz ist dann am effektivsten, wenn ein Verständnis für alle Elemente des Produktportfolios, ihrer strategischen Relevanz und Ressourcenimplikationen über Hierarchien und Funktionen im Unternehmen hinweg gepflegt wird. Ein aktiver Portfolioansatz erfordert die explizite Berücksichtigung des internen wie externen Kontexts. Für dieses Unterfangen muss jegliche entscheidungsrelevante Information effektiv und effizient im Unternehmen aufgenommen und verarbeitet werden. Darüber hinaus ermöglicht ein aktiver

Portfolioansatz die konsequente Verfolgung der Portfolioausgewogenheit sowie die Abstimmung mit den strategischen Zielen des Unternehmens, was den höchsten Zielen des Produktportfoliomanagements entspricht. Entscheidend zur Erreichung dieser Ziele sind die Ressourcenallokation innerhalb des Portfolios sowie das Herunterbrechen der strategischen Ziele. Vor diesem Hintergrund erfordert ein aktiver Portfolioansatz die regelmäßige Überprüfung, ob das Produktportfolio über die richtige Anzahl an Produkten in Anbetracht der verfügbaren Ressourcen verfügt und unterstreicht ferner den Wert von regelmäßigen Portfolioreviews als hierzu hilfreiche Instrumente.

Diese Implikationen gelten für Konsumgüterhersteller und strategische Geschäftseinheiten von Konsumgüterherstellern im Allgemeinen. Schon mit einem wenig ausgeprägten aktiven Portfolioansatz können Unternehmen wie strategische Geschäftseinheiten die Erfolgswirkung ihrer Innovationsleistung steigern, indem sie das Produktportfolio als einheitliches Ganzes betrachten. Wenn auch in einem solchen Kontext die moderierende Wirkung eines aktiven Portfolioansatzes auf den Zusammenhang zwischen Innovation und Performance nicht signifikant ist, so trägt eine solche unternehmerische Handlungsweise doch zum Gesamterfolg bei. Insgesamt verleiht dieses Forschungsprojekt dem Gedanken des Produktportfoliomanagements und seiner strategischen Bedeutung für Unternehmen, strategische Geschäftseinheiten und deren Erfolg Nachdruck.

Quellenverzeichnis

Aiken, Leona S. und Stephen G. West (1991), Multiple regression: Testing and interpreting interactions, Sage Publications, Newbury Park, Kalifornien.

Alexander, Ralph S. (1964), The Death and Burial of 'Sick' Products, Journal of Marketing, 28 (2), 1-7.

Anand, Bharat N. und Ron Shachar (2004), Brands as Beacons: A New Source of Loyalty to Multiproduct Firms, Journal of Marketing Research, 41 (2), 135-150.

Anderson, Edward G. jr. und Nitin R. Joglekar (2005), A hierarchical product development planning framework, Production and Operations Management, 14 (3), 344-361.

Ansoff, H. Igor (1957), Strategies for Diversification, Harvard Business Review, 35 (5), 113-124.

Argouslidis, Paraskevas C. (2007), The evaluation stage in the service elimination decision-making process: evidence from the UK financial services sector, Journal of Services Marketing, 21 (2), 122-136.

Argouslidis, Paraskevas C. und George Baltas (2007), Structure in product line management: The role of formalization in service elimination decisions, Journal of the Academy of Marketing Science, 35 (4), 475-491.

Avlonitis, George J. (1990), 'Project Dropstrat': Product Elimination and the Product Life Cycle Concept, European Journal of Marketing, 24 (9), 55-67.

Avlonitis, George J. (1985), Product elimination decision making: Does formality matter? Journal of Marketing, 49 (1), 41-52.

Avlonitis, George J., Susan J. Hart und Nikolaos X. Tzokas (2000), An Analysis of Product Deletion Scenarios, Journal of Product Innovation Management, 17 (1), 41-56.

Bagozzi, Richard P., Youjae Yi und Lynn W. Phillips (1991), Assessing Construct Validity in Organizational Research, Administrative Science Quarterly, 36 (3), 421-458.

Bagozzi, Richard P. und Youjae Yi (1988), On the Evaluation of Structural Equation Models, Journal of the Academy of Marketing Science, 16 (1), 74-94.

Balakrishnan, Ramji, Xin Ying Qiu und Padmini Srinivasan (2010), On the predictive ability of narrative disclosures in annual reports, European Journal of Operational Research, 202 (3), 789-801.

Banville, Guy R. und Barbara Pletcher (1974), The Product Elimination Function, Journal of the Academy of Marketing Science, 2 (3), 432-446.

Barczak, Gloria, Abbie Griffin und Kenneth B. Kahn (2009), PERSPECTIVE: Trends and Drivers of Success in NPD Practices: Results of the 2003 PDMA Best Practices Study, Journal of Product Innovation Management, 26 (1), 3-23.

Barki, Henri und Alain Pinsonneault (2005), A Model of Organizational Integration, Implementation Effort, and Performance, Organization Science, 16 (2), 165-179.

Barnett, William P. und John Freeman (2001), Too Much of a Good Thing? Product Proliferation and Organizational Failure, Organization Science, 1 (12), 539-558.

Barr, Pamela S. (1998), Adapting to Unfamiliar Environmental Events: A Look at the Evolution of Interpretation and Its Role in Strategic Change, Organization Science, 9 (6), 644-669.

Bayus, Barry L., Gary Erickson und Robert Jacobson (2003), The Financial Rewards of New Product Introductions in the Personal Computer Industry, Management Science, 49 (2), 197-210.

Bayus, Barry L. und William P. Putsis (1999), Product Proliferation: An Empirical Analysis of Product Line Determinants and Market Outcomes, Marketing Science, 18 (2), 137-153.

Becker, Wolfgang und Jürgen Dietz (2004), R&D cooperation and innovation activities of firms – evidence for the German manufacturing industry, Research Policy, 33 (2), 209-223.

Bettman, James R. und Barton A. Weitz (1983), Attributions in the Board Room: Causal Reasoning in Corporate Annual Reports, Administrative Science Quarterly, 28 (2), 165-183.

Bhojraj, Sanjeev, Charles M. C. Lee und Derek K. Oler (2003), What's My Line? A Comparison of Industry Classification Schemes for Capital Market Research, Journal of Accounting Research, 41 (5), 745-774.

Bolton, Ruth N. (2011), To JM on Its 75th Anniversary, Journal of Marketing, 75 (4), 129-131.

Booz, Allen & Hamilton, Inc. (1982), New Product Management for the 1980's, Booz, Allen & Hamilton Inc., New York.

Bordley, Robert (2003), Determining the Appropriate Depth and Breadth of a Firm's Product Portfolio, Journal of Marketing Research, 40 (1), 39-53.

Boyatzis, Richard E. (1998), Transforming Qualitative Information: Thematic analysis and code development, Sage Publications, Thousand Oaks.

Cardozo, Richard N. und David K. Smith jr. (1983), Applying financial portfolio theory to product portfolio decisions: An empirical study, Journal of Marketing, 47 (2), 110-119.

Carte, Traci A. und Craig J. Russell (2003), In Pursuit of Moderation: Nine Common Errors and Their Solutions, MIS Quarterly, 27 (3), 479-501.

Chandler, Gaylen N. und Steven H. Hanks (1993), Measuring the performance of emerging businesses: A validation study, Journal of Business Venturing, 8 (5), 391-408.

Chandy, Rajesh K. (2003), Research as Innovation: Rewards, Perils, and Guideposts for Research and Reviews in Marketing, Journal of the Academy of Marketing Science, 31 (3), 351-355.

Chandy, Rajesh K. und Gerard J. Tellis (2000), The Incumbent's Curse? Incumbency, Size, and Radical Product Innovation, Journal of Marketing, 64 (3), 1-17.

Chandy, Rajesh K. und Gerard J. Tellis (1998), Organizing for Radical Product Innovation: The Overlooked Role of Willingness to Cannibalize, Journal of Marketing Research, 35 (4), 474-487.

Chao, Raul O., Stylianos Kavadias und Cheryl Gaimon (2009), Revenue Driven Resource Allocation: Funding Authority, Incentives, and New Product Development Portfolio Management, Management Science, 55 (9), 1556-1569.

Quellenverzeichnis

Closs, David J., Mark A. Jacobs, Morgan Swink und G. Scott Webb (2008), Toward a theory of competencies for the management of product complexity: Six case studies, Journal of Operations Management, 26 (5), 590-610.

Cohen, Jacob (1960), A coefficient of agreement for nominal scales, Educational and Psychological Measurement, 20 (2), 37-46.

Cohen, Jacob, Patricia Cohen, Stephen G. West und Leona S. Aiken (2003), Applied Multiple Regression/Correlation Analysis for the Behavioral Sciences, 3. Auflage, Lawrence Erlbaum Associates, Mahwah, New Jersey.

Cooper, Robert G. und Scott J. Edgett (2003), Overcoming the crunch in resources for new product development, Research-Technology Management, 46 (3), 48-58.

Cooper, Robert G., Scott J. Edgett und Elko J. Kleinschmidt (1999), New Product Management: Practices and Performance, Journal of Product Innovation Management, 16 (4), 333-351.

Corbin, Juliet und Anselm Strauss (2008), Basics of Qualitative Research, 3. Auflage, Sage Publications, Thousand Oaks.

Crossan, Mary M. und Marina Apaydin (2010), A Multi-Dimensional Framework of Organizational Innovation: A Systematic Review of the Literature, Journal of Management Studies, 47 (6), 1154-1191.

D'Aveni, Richard A. und Ian C. MacMillan (1990), Crisis and the Content of Managerial Communications: A Study of the Focus of Attention of Top Managers in Surviving and Failing Firms, Administrative Science Quarterly, 35 (4), 634-657.

Day, George S. (1977), Diagnosing the product portfolio, Journal of Marketing, 41 (2), 29-38.

Dean, James W. jr. und Mark P. Sharfman (1996), Does decision process matter? A study of strategic decision-making effectiveness, Academy of Management Journal, 39 (2), 368-396.

Dean, James W. jr. und Mark P. Sharfman (1993), Procedural Rationality in the Strategic Decision-Making Process, Journal of Management Studies, 30 (4), 587-610.

De Luca, Luigi M. und Kwaku Atuahene-Gima (2007), Market Knowledge Dimensions and Cross-Functional Collaboration: Examining the Different Routes to Product Innovation Performance, Journal of Marketing, 71 (1), 95-112.

Deshpande, Rohit (1983), 'Paradigms Lost': On Theory and Method in Research in Marketing, Journal of Marketing, 47 (4), 101-110.

Devinney, Timothy M. und David W. Stewart (1988), Rethinking the product portfolio: A generalized investment model, Management Science, 34 (9), 1080-1095.

Devinney, Timothy M., David W. Stewart und Allan D. Shocker (1985), A Note on the Application of Portfolio Theory: A Comment on Cardozo and Smith, Journal of Marketing, 49 (4), 107-112.

Draganska, Michaela und Dipak C. Jain (2005), Product line length as a competitive tool, Journal of Economics & Management Strategy, 14 (1), 1-28.

Drucker, Peter F. (1963), Managing for Business Effectiveness, Harvard Business Review, 41 (3), 53-60.

Fang, Eric (ER), Robert W. Palmatier und Rajdeep Grewal (2011), Effects of Customer and Innovation Asset Configuration Strategies on Firm Performance, Journal of Marketing Research, 48 (3), 587-602.

Fiegenbaum, Alvi und Howard Thomas (1988), Attitudes toward risk and the risk-return paradox: prospect theory explanations, Academy of Management Journal, 31 (1), 85-106.

Fornell, Claes und David F. Larcker (1981), Evaluating Structural Equation Models with Unobservable Variables and Measurement Error, Journal of Marketing Research, 18 (1), 39-50.

Gabriel, K. Ruben (1978), A Simple Method of Multiple Comparisons of Means, Journal of the American Statistical Association, 73 (364), 724-729.

Gao, Guodong und Lorin M. Hitt (2012), Information Technology and Trademarks: Implications for Product Variety, Management Science, 58 (6), 1211-1226.

Geroski, Paul, Steve Machin und John Van Reenen (1993), The Profitability of Innovating Firms, RAND Journal of Economics, 24 (2), 198-211.

Gerwin, Donald und Nicholas J. Barrowman (2002), An Evaluation of Research on Integrated Product Development, Management Science, 48 (7), 938-953.

Green, Paul E. und Abba M. Krieger (1985), Models and heuristics for product line selection, Marketing Science, 4 (1), 1-19.

Gupta, Yash P. (1987), Technical Paper: A Theoretical Model for Product Elimination Decisions, International Journal of Operations & Production Management, 7 (3), 59-68.

Hart, Susan J. (1989), Product Deletion and the Effects of Strategy, European Journal of Marketing, 23 (10), 6-17.

Hauser, John, Gerard J. Tellis und Abbie Griffin (2006), Research on Innovation: A Review and Agenda for Marketing Science, Marketing Science, 25 (6), 687-717.

Homburg, Christian, Martin Artz und Jan Wieseke (2012), Marketing Performance Measurement Systems: Does Comprehensiveness Really Improve Performance? Journal of Marketing, 76 (3), 56-77.

Homburg, Christian und Hans Baumgartner (1995), Beurteilung von Kausalmodellen: Bestandsaufnahme und Anwendungsempfehlungen, Marketing - Zeitschrift für Forschung und Praxis, 17 (3), 162-176.

Homburg, Christian, Andreas Fürst und Jana-Kristin Prigge (2009), A customer perspective on product eliminations: how the removal of products affects customers and business relationships, Journal of the Academy of Marketing Science, 38 (5), 531-549.

Homburg, Christian, Martin Klarmann, Martin Reimann und Oliver Schilke (2012), What Drives Key Informant Accuracy? Journal of Marketing Research, 49 (4), 594-608.

Homburg, Christian, Harley Krohmer und John P. Workman jr. (2004), A strategy implementation perspective of market orientation, Journal of Business Research, 57 (12), 1331-1340.

Hooley, Graham, Gordon Greenley, John Fahy und John Cadogan (2001), Market-focused Resources, Competitive Positioning and Firm Performance, Journal of Marketing Management, 17 (5-6), 503-520.

Hu, Li-tze und Peter M. Bentler (1999), Cutoff criteria for fit indexes in covariance structure analysis: Conventional criteria versus new alternatives, Structural Equation Modeling: A Multidisciplinary Journal, 6 (1), 1-55.

Hunt, Shelby D. (2009), Marketing theory: foundations, controversy, strategy, resource-advantage theory, M. E. Sharpe, New York.

Hunt, Shelby D. (1997), Resource-Advantage Theory: An Evolutionary Theory of Competitive Firm Behavior? Journal of Economic Issues, 31 (1), 59-77.

Hunt, Shelby D. (1976), The Nature and Scope of Marketing, Journal of Marketing, 40 (3), 17-28.

Hunt, Shelby D. und Robert M. Morgan (1996), The Resource-Advantage Theory of Competition: Dynamics, Path Dependencies, and Evolutionary Dimensions, Journal of Marketing, 60 (4), 107-114.

Hunt, Shelby D. und Robert M. Morgan (1995), The Comparative Advantage Theory of Competition, Journal of Marketing, 59 (2), 1-15.

Isaacson, Walter (2011), Steve Jobs, Simon & Schuster, New York.

Iyer, Ganesh und David Soberman (2000), Markets for Product Modification Information, Marketing Science, 19 (3), 203-225.

Jacobs, Mark A. und Morgan Swink (2011), Product portfolio architectural complexity and operational performance: Incorporating the roles of learning and fixed assets, Journal of Operations Management, 29 (7-8), 677-691.

Jarvis, Cheryl Burke, Scott B. MacKenzie und Philip M. Podsakoff (2003), A Critical Review of Construct Indicators and Measurement Model Misspecification in Marketing and Consumer Research, Journal of Consumer Research, 30 (2), 199-218.

Jaworski, Bernard J. und Ajay K. Kohli (1993), Market Orientation: Antecedents and Consequences, Journal of Marketing, 57 (3), 53-70.

Kahn, Barbara E. (1998), Dynamic Relationships With Customers: High-Variety Strategies, Journal of the Academy of Marketing Science, 26 (1), 45-53.

Kassarjian, Harold H. (1977), Content Analysis in Consumer Research, Journal of Consumer Research, 4 (1), 8-18.

Katila, Riitta (2002), New product search over time: past ideas in their prime? Academy of Management Journal, 45 (5), 995-1010.

Kekre, Sunder und Kannan Srinivasan (1990), Broader product line: a necessity to achieve success? Management Science, 36 (10), 1216-1231.

Kester, Linda, Abbie Griffin und Erik J. Hultink (2011), An empirical test of the antecedents and consequences of portfolio decision-making effectiveness, in Proceedings of the 18th International Product Development Management Conference 'Innovate Through Design', Delft, Netherlands.

Kester, Linda, Abbie Griffin, Erik J. Hultink und Kristina Lauche (2011), Exploring Portfolio Decision-Making Processes, Journal of Product Innovation Management, 28 (5), 641-661.

Kester, Linda, Erik J. Hultink und Kristina Lauche (2009), Portfolio decision-making genres: A case study, Journal of Engineering and Technology Management, 26 (4), 327-341.

Kolbe, Richard H. und Melissa S. Burnett (1991), Content-Analysis Research: An Examination of Applications with Directives for Improving Research Reliability and Objectivity, Journal of Consumer Research, 18 (2), 243-250.

Kuester, Sabine, Christian Homburg und Thomas S. Robertson (1999), Retaliatory Behavior to New Product Entry, Journal of Marketing, 63 (4), 90-106.

Kumar, Alok, Jan B. Heide und Kenneth H. Wathne (2011), Performance Implications of Mismatched Governance Regimes Across External and Internal Relationships, Journal of Marketing, 75 (2), 1-17.

Kumar, Nirmalya (2003), Kill a Brand, Keep a Customer, Harvard Business Review, 81 (12), 86-95.

Kumar, Nirmalya, Louis W. Stern und James C. Anderson (1993), Conducting Interorganizational Research Using Key Informants, Academy of Management Journal, 36 (6), 1633-1651.

Lancaster, Kelvin (1990), The Economics of Product Variety: A Survey, Marketing Science, 9 (3), 189-206.

Lei, Jing, Niraj Dawar und Jos Lemmink (2008), Negative Spillover in Brand Portfolios: Exploring the Antecedents of Asymmetric Effects, Journal of Marketing, 72 (3), 111-123.

Leong, Siew M. und Kian G. Lim (1991), Extending Financial Portfolio Theory for Product Management, Decision Sciences, 22 (1), 181-193.

Lindell, Michael K. und David J. Whitney (2001), Accounting for Common Method Variance in Cross-Sectional Research Designs, Journal of Applied Psychology, 86 (1), 114-121.

Loch, Christoph H. und Stylianos Kavadias (2002), Dynamic Portfolio Selection of NPD Programs Using Marginal Returns, Management Science, 48 (10), 1227-1241.

Malhorta, Naresh K., Sung S. Kim und Ashutosh Patil (2006), Common Method Variance in IS Research: A Comparison of Alternative Approaches and a Reanalysis of Past Research, Management Science, 52 (12), 1865-1883.

Markowitz, Harry M. (1991), Foundations of Portfolio Theory, Journal of Finance, 46 (2), 469-477.

Markowitz, Harry M. (1959), Portfolio Selection: Efficient Diversification of Investments, John Wiley and Sons, Inc., New York.

Marsh, Herbert W, Zhonglin Wen und Kit-Tai Hau (2004), Structural Equation Models of Latent Interactions: Evaluation of Alternative Estimation Strategies and Indicator Construction, Psychological Methods, 9 (3), 275-300.

Mayring, Philipp (2002), Qualitative content analysis – research instrument or mode of interpretation? in: Kiegelmann, Mechthild (Ed.), The Role of the Researcher in Qualitative Psychology, Verlag Ingeborg Huber, Tübingen, 139-148.

McNally, Regina C., Serdar S. Durmusoglu, Roger J. Calantone und Nukhet Harmancioglu (2009), Exploring new product portfolio management decisions: The role of managers' dispositional traits, Industrial Marketing Management, 38 (1), 127-143.

Meyer-Krahmer, Frieder (1984), Recent Results in Measuring Innovation Output, Research Policy, 13 (3), 175-182.

Michalisin, Michael D. (2001), Validity of annual report assertions about innovativeness: an empirical investigation, Journal of Business Research, 53 (3), 151-161.

Mooijaart, Ab und Albert Satorra (2009), On Insensitivity of the Chi-square Model Test to Nonlinear Misspecification in Structural Equation Models, Psychometrika, 74 (3), 443-455.

Morgan, Neil A. und Lopo L. Rego (2009), Brand Portfolio Strategy and Firm Performance, Journal of Marketing, 73 (19), 59-74.

Murphy, Patrick E. und Ben M. Enis (1986), Classifying Products Strategically, Journal of Marketing, 50 (3), 24-42.

Muthén, Linda K. und Bengt O. Muthén (1998-2010), Mplus User's Guide, 6. Auflage, CA: Muthén & Muthén, Los Angeles.

New York Stock Exchange (2008), Listings Directory, http://www.nyse.com/about/listed/lc_all_industry.html, 01. August 2008.

New York Times (2012), Apple Sets Stock Market Record, With Asterisk, August 21, 2012, Nick Wingfield, http://query.nytimes. com/gst/fullpage.html?res=9F0CE0DC173AF932A1575BC0A9649 D8B63, 21. August 2012.

Noble, Charles H., Rajiv K. Sinha und Ajith Kumar (2002), Market Orientation and Alternative Strategic Orientations: A Longitudinal Assessment of Performance Implications, Journal of Marketing, 66 (4), 25-39.

O'Sullivan, Don und Andrew V. Abela (2007), Marketing Performance Measurement Ability and Firm Performance, Journal of Marketing, 71 (2), 79-93.

Panayides, Photis M. (2007), The impact of organizational learning on relationship orientation, logistics service effectiveness, and performance, Industrial Marketing Management, 36 (1), 68-80.

Parasuraman, A. "Parsu" und P. "Rajan" Varadarajan (1988), Future strategic emphases in service versus goods businesses, Journal of Services Marketing, 2 (5), 57-66.

Pauwels, Koen, Jorge Silva-Risso, Shuba Srinivasan und Dominique M. Hanssens (2004), New Products, Sales Promotions, and Firm Value: The Case of the Automobile Industry, Journal of Mar-keting, 68 (4), 142-156.

Penrose, Edith T. (1959), The Theory of the Growth of the Firm, Basil Blackwell, Oxford.

Perreault, William D. jr. und Laurence E. Leigh (1989), Reliability of Nominal Data Based on Qualitative Judgments, Journal of Mar-keting Research, 26 (2), 135-148.

Phillips, Lynn W. (1981), Assessing Measurement Error in Key Informant Reports: A Methodological Note on Organizational Analysis in Marketing, Journal of Marketing Research, 18 (4), 395-415.

Podsakoff, Philip M., Scott B. MacKenzie, Jeong-Yeon Lee und Nathan P. Podsakoff (2003), Common Method Biases in Behavioral Research: A Critical Review of the Literature and Recommended Remedies, Journal of Applied Psychology, 88 (5), 879-903.

Priem, Richard L. und John E. Butler (2001), Is the Resource-Based 'View' a Useful Perspective for Strategic Management Research? Academy of Management Review, 26 (1), 22-40.

Procter and Gamble (2012a), Letter to Shareholders, http://annualreport.pg.com/annualreport2012/files/PG_2012_AnnualReport_letter.pdf, 9. September 2012.

Procter and Gamble (2012b), P&G at a Glance, Procter and Gamble Investor Relations, http://www.pg.com/en_US/investors/p_g_at_a_glance.shtml, 9. September 2012.

Putsis, William P. und Barry L. Bayus (2001), An Empirical Analysis of Firm's Product Line Decisions, Journal of Marketing Research, 38 (1), 110-118.

Ramdas, Kamalini (2003), Managing product variety: An integrative review and research directions, Production and Operations Management, 12 (1), 79-101.

Roper, Stephen, Jun Du und James H. Love (2008), Modeling the innovation value chain, Research Policy, 37 (6-7), 961-977.

Rossiter, John R. (2002), The C-OAR-SE procedure for scale development in marketing, International Journal of Research in Marketing, 19 (4), 305-335.

Rubera, Gaia und Ahmet H. Kirca (2012), Firm Innovativeness and Its Performance Outcomes: A Meta-Analytic Review and Theoretical Integration, Journal of Marketing, 76 (3), 130-147.

Rust, Roland T. und Bruce Cooil (1994) Reliability Measures for Qualitative Data: Theory and Implications, Journal of Marketing Research, 31 (1), 1-14.

Saunders, John und David Jobber (1994), Product Replacement: Strategies for Simultaneous Product Deletion and Launch, Journal of Product Innovation Management, 11 (5), 433-450.

Scheibehenne, Benjamin, Rainer Greifeneder und Peter M. Todd (2010), Can There Ever Be Too Many Options? A Meta-Analytic Review of Choice Overload, Journal of Consumer Research, 37 (3), 409-425.

Schmalensee, Richard (1978), Entry Deterrence in the Ready-to-Eat Breakfast Cereal Industry, The Bell Journal of Economics, 9 (2), 305-327.

Schmidt, Jeffrey B. und Roger J. Calantone (2002), Escalation of Commitment during New Product Development, Journal of the Academy of Marketing Science, 30 (2), 103-118.

Seth, Anju und Howard Thomas (1994), Theories of the firm: implications for strategy research, Journal of Management Studies, 31 (2), 165-191.

Shane, Scott und Karl T. Ulrich (2004), Technological Innovation, Product Development, and Entrepreneurship in Management Science, Management Science, 50 (2), 133-144.

Siguaw, Judy A., Penny M. Simpson und Cathy A. Enz (2006), Conceptualizing Innovation Orientation: A Framework for Study and Integration of Innovation Research, Journal of Product Innovation Management, 23 (6), 556-574.

Slater, Stanley F. und John C. Narver (1994), Does Competitive Environment Moderate the Market Orientation-Performance Relationship? Journal of Marketing, 58 (1), 46-55.

Sorenson, Olav (2000), Letting the Market Work for You: An Evolutionary Perspective on Product Strategy, Strategic Management Journal, 21 (5), 577-592.

Sorescu, Alina B., Rajesh K. Chandy und Jaideep C. Prabhu (2003), Sources and Financial Consequences of Radical Innovation: Insights from Pharmaceuticals, Journal of Marketing, 67 (4), 82-102.

Sorescu, Alina B. und Jelena Spanjol (2008), Innovation's Effect on Firm Value and Risk: Insights from Consumer Packaged Goods, Journal of Marketing, 72 (2), 114-132.

Spanjol, Jelena, Silke Mühlmeier und Torsten Tomczak (2012), Strategic Orientation and Product Innovation: Exploring a Decompositional Approach, Journal of Product Innovation Management, 29 (6), 967-985.

Srivastava, Rajendra K., Tasadduq A. Shervani und Liam Fahey (1999), Marketing, business processes, and shareholder value: An organizationally embedded view of marketing activities and the discipline of marketing, Journal of Marketing, 63 (Fundamental Issues and Directions for Marketing), 168-179.

Srivastava, Rajendra K., Tasadduq A. Shervani und Liam Fahey (1997), Driving Shareholder Value: The Role of Marketing in Reducing Vulnerability and Volatility of Cash Flows, Journal of Market-Focused Management, 2 (1), 49-64.

Srnka, Katharina J. und Sabine T. Koeszegi (2007), From Words to Numbers: How to Transform Qualitative Data into Meaningful Quantitative Results, Schmalenbach Business Review, 59 (1), 29-57.

Stock, Ruth M. und Nicolas A. Zacharias (2011), Patterns and performance outcomes of innovation orientation, Journal of the Academy of Marketing Science, 39 (6), 870-888.

Stoelhorst, J. W. und Erik M. van Raaij (2004), On explaining performance differentials. Marketing and the managerial theory of the firm, Journal of Business Research, 57 (5), 462-477.

Szymanski, David M., Michael W. Kroff und Lisa C. Troy (2007), Innovativeness and new product success: insights from the cumulative evidence, Journal of the Academy of Marketing Science, 35 (1), 35-52.

Tellis, Gerard J., Jaideep C. Prabhu und Rajesh K. Chandy (2009), Radical Innovation across Nations: The Pre-eminence of Corporate Culture, Journal of Marketing, 73 (1), 24-43.

Tikkanen, Henrikki, Jaakko Kujala und Karlos Artto (2007), The marketing strategy of a project-based firm: The Four Portfolios Framework, Industrial Marketing Management, 36 (2), 194-205.

Tuggle, Christopher S., Karen Schnatterly und Richard A. Johnson (2010), Attention patterns in the boardroom: how board composition and processes affect discussion of entrepreneurial issues, Academy of Management Journal, 53 (3), 550-571.

Tyagi, Rajesh K. und Mohanbir S. Sawhney (2010), High-Performance Product Management: The Impact of Structure, Process, Competencies, and Role Definition, Journal of Product Innovation Management, 27 (1), 83-96.

van Waterschoot, Walter und Christophe Van den Bulte (1992), The 4P Classification of the Marketing Mix Revisited, Journal of Marketing, 56 (4), 83-93.

Varadarajan, Rajan, Mark P. DeFanti und Paul S. Busch (2006), Brand Portfolio, Corporate Image, and Reputation: Managing Brand Deletions, Journal of the Academy of Marketing Science, 34 (2), 195-205.

Venkatraman, N. und Vasudevan Ramanujam (1986), Measurement of Business Performance in Strategy Research: A Comparison of Approaches, Academy of Management Review, 11 (4), 801-814.

Wan, Xiang, Philip T. Evers und Martin E. Dresner (2012), Too much of a good thing: The impact of product variety on operations and sales performance, Journal of Operations Management, 30 (4), 316-324.

Webster, Frederick E. jr. (1978), Management Science in Industrial Marketing. A review of models and measurement techniques - new rigor, new sophistication, Journal of Marketing, 42 (1), 21-27.

Wernerfelt, Birger (1984), A Resource-Based View of the Firm, Strategic Management Journal, 5 (2), 171-180.

Wiersema, Magarethe F. und Harry P. Bowen (2008), Corporate diversification: the impact of foreign competition, industry globalization, and product diversification, Strategic Management Journal, 29 (2), 115-132.

Wind, Yoram und Henry J. Claycamp (1976), Planning Product Line Strategy: A Matrix Approach, Journal of Marketing, 40 (1), 2-9.

Wind, Yoram, Vijay Mahajan und Donald J. Swire (1983), An Empirical Comparison of Standardized Portfolio Models, Journal of Marketing, 47 (2), 89-99.

Wind, Yoram und Thomas S. Robertson (1983), Marketing Strategy: New Directions for Theory and Research, Journal of Marketing, 47 (2), 12-25.

Yadav, Manjit S., Jaideep C. Prabhu und Rajesh K. Chandy (2007), Managing the Future: CEO Attention and Innovation Outcomes, Journal of Marketing, 71 (4), 84-10.

Springer Gabler RESEARCH

Schriftenreihe des Instituts für Marktorientierte Unternehmensführung (IMU),
Universität Mannheim
Hrsg.: Prof. Dr. Hans H. Bauer, Prof. Dr. Dr. h.c. mult. Christian Homburg
und Prof. Dr. Sabine Kuester
zuletzt erschienen:

Jan Allmann
Pricing in Business-to-Business-Geschäftsbeziehungen
Eine Analyse der Preissuche und der Preisfairness
2012. XV, 178 S., 10 Abb., 13 Tab., Br. € 59,95
ISBN 978-3-8349-4140-4

Alexander Hahn
Die Rolle des Marketing für die Ressourcenakquise junger Technologieunternehmen
2012. XIII, 141 S., 3 Abb., 17 Tab., Br. € 59,95
ISBN 978-3-8349-4315-6

Stefan Hattula
Effektivität des Signaling in Erfahrungsgütermärkten
Eine dynamische Betrachtung
2012. XV, 163 S., 24 Abb., 15 Tab., Br. € 59,95
ISBN 978-3-658-00300-5

Nina Landauer
Produktportfoliomanagement
Explorative Bestandsaufnahme und empirische Untersuchung der Erfolgswirkung
2013. XVII, 132 S., 4 Abb., 15 Tab., Br. € 59,99
ISBN 978-3-658-01997-6

Hauke Wetzel
Kundenpriorisierung im Business-to-Business Marketing
Eine Analyse aus Anbieter- und Kundenperspektive
2012. XV, 145 S., 7 Abb., 13 Tab., Br. € 59,95
ISBN 978-3-8349-4028-5

Springer Gabler

Änderungen vorbehalten. Stand: Februar 2013. Erhältlich im Buchhandel oder beim Verlag.
Abraham-Lincoln-Str. 46 . 65189 Wiesbaden . www.springer-gabler.de

Institut für
Marktorientierte
Unternehmensführung
Kompetenz in Wissenschaft & Management
Prof. Dr. Hans H. Bauer,
Prof. Dr. Dr. h.c. mult. Christian Homburg,
Prof. Dr. Sabine Kuester

UNIVERSITÄT
MANNHEIM

Institut für Marktorientierte Unternehmensführung (IMU)

Direktoren Professor Dr. Hans H. Bauer,
Professor Dr. Dr. h.c. mult. Christian Homburg und
Professorin Dr. Sabine Kuester

- **Praxisorientierte Arbeitspapiere („Management Know-How") zu aktuellen Themen in Marketing, Vertrieb und Unternehmensführung**

- **Wissenschaftliche Arbeitspapiere zu aktuellen Forschungsfragen in Marketing, Vertrieb und Unternehmensführung**

Weitere Informationen erhalten Sie beim IMU, Universität Mannheim, L5, 1, 68131 Mannheim (Telefon: 0621 / 181-1755) oder besuchen Sie unsere Internetseite: www.imu-mannheim.de.

Von der Promotion zum Buch

↗

WWW.GABLER.DE

Sie haben eine wirtschaftswissenschaftliche Dissertation bzw. Habilitation erfolgreich abgeschlossen und möchten sie als Buch veröffentlichen?

Zeigen Sie, was Sie geleistet haben.
Publizieren Sie Ihre Dissertation als Buch bei Gabler Research.
Ein Buch ist nachhaltig wirksam für Ihre Karriere.
Nutzen Sie die Möglichkeit mit Ihrer Publikation bestmöglich sichtbar und wertgeschätzt zu werden – im Umfeld anerkannter Wissenschaftler und Autoren.
Qualitative Titelauswahl sowie namhafte Herausgeber renommierter Schriftenreihen bürgen für die Güte des Programms.

Ihre Vorteile:

- Kurze Produktionszyklen: Drucklegung in 6-8 Wochen
- Dauerhafte Lieferbarkeit print und digital: Druck + E-Book in SpringerLink Zielgruppengerechter Vertrieb an Wissenschaftler, Bibliotheken, Fach- und Hochschulinstitute und (Online-)Buchhandel
- Umfassende Marketingaktivitäten: E-Mail-Newsletter, Flyer, Kataloge, Rezensionsexemplar-Versand an nationale und internationale Fachzeitschriften, Präsentation auf Messen und Fachtagungen etc.

▶ Möchten Sie Autor beim Gabler Verlag werden? Kontaktieren Sie uns!

Ute Wrasmann | Lektorat Wissenschaftliche Monografien
Tel. +49 (0)611.7878-239 | Fax +49 (0)611.7878-78-239 | ute.wrasmann@gabler.de

KOMPETENZ IN SACHEN WIRTSCHAFT

Printed in Germany
by Amazon Distribution
GmbH, Leipzig